Advaita Café

Patrick Aigner

Advaita Café

Weil es anderswo so anders ist…

Bibliografische Information der Deutschen Nationalbibliothek:
Die Deutsche Nationalbibliothek verzeichnet diese
Publikation in der Deutschen Nationalbibliografie;
detaillierte bibliografische Daten sind im Internet
über http://dnb.dnb.de abrufbar.

Coverfoto: **Olaf Zelewski**

Herstellung und Verlag: BoD – Books on Demand,
Norderstedt

ISBN: 978-3-7357-8438-4

1.

Neben mir saß ein junges Paar. Sie hatte Ramesh Balsekars blaues „Wen kümmerts" auf den Beinen, er Sri Nisargadatta Maharajs lilafarbenes „Ich bin" neben sich auf dem Tisch. Mir war schlecht. Ich hätte das dritte Galette wie immer weglassen sollen und habe es wie immer in mich reingefressen. Advaita Café Coburg... das ist doch was. Was hier in den Bücherschränken verstaut ist, würde ausreichen, um das Erwachen eines ganzen Kontinents auszulösen, oder aber einer kalten Dezembernacht ein schönes Feuer geben. Advaita Café... ich glaub's ja nicht. Eigentlich warte ich auf Monika. Sie will sich eine Jacke kaufen. Das kann dauern. Es ist Juni und man sitzt hier herrlich draußen. Guckt den Mädchen nach und genießt es, dass man den Kopf dazu nicht mehr bewegt - bis man ihn bewegt. Es ist Sommer, es ist Morgen, es ist zauberhaft, aber sie braucht eine Jacke. Nicht, dass wir uns andauernd sehen würden...

Der Typ, der dieses Café auf die Beine gestellt hat, kam, so sagen die Leute hier, eines Tages mit nichts als einem Koffer geerbten Geldes an. Ich habe ihn in den zwei Jahren, in denen ich hier verkehre, noch nicht eine Tasse Kaffee einschenken, geschweige denn eine derartige, oder etwas Vergleichbares, an einen Tisch tragen sehen. Alle nennen ihn Pa, den Lotsen. Und das nicht zu unrecht. Doch dazu später mehr.

Dem geneigten Leser soll auch nicht verschwiegen werden, dass es sich bei Pa, dem Lotsen, um einen ehemaligen Heilpraktiker handelt. Die Unmöglichkeit jedoch, so seine Worte, angesichts eines gegenüberstehenden Patienten jedes Mal richtig zu entscheiden, ob man besser nicht lachen, nicht weinen, oder nicht um sich schlagen soll, trieb diesen braven Mann griechischer Herkunft in diese gänzlich berufsfremde Umgebung. Da war was Falsches dran, irgendwie, so sagte er einmal zu Monika.

Und ich warte auf Monika. Bestelle mir einen italienischen Kaffee, Süßstoff und Milch. Meine Bücher sind auch hier. Haben hier auch einen würdigen Platz gefunden. Pa meinte, ich wäre, ohne mir natürlich zu nahe treten zu wollen, eigentlich zwischen Karl Renz und Suzanne Segal gut aufgehoben. Etwas anderes würde ihm jetzt auf die Schnelle nicht einfallen. Nietzsche, Bukowski, Meister Eder und sein Pumuckl, hörte ich mich sagen, aber der Fall war für Pa geklärt. Bukowski und der Meister Eder waren hier eh nicht zu finden, jedoch gab es eine ältere Zarathustra Ausgabe, die Pa in der hintersten Ecke, noch hinter den von Pa so ungeliebten Osho Büchern, verbarg. Also im Advaita Café Coburg ist es nicht gerade eine Auszeichnung neben Osho zu stehen. Andererseits kann man hier, und das ist meines Wissens weltweit einzig, zwischen Osho stehen - sofern man eine Packung Valium in einer von unten her verschraubten, einbruchshemmenden, Glasvitrine ist. Pa, der Lotse, hatte es sich nicht nehmen lassen, eigens dafür einen Caféfremden (!) Coburger Handwerker zu beauftragen. VSG 12 Millimeter Glas, konnte man den Lotsen in diesen Tagen sprechen hören. Fauuu-Äähhhs-Geee! Und auch heute noch, manchmal, wenn der Abend über der Vestestadt hereinbricht und ich hinunter zu dem Zigarettenautomaten für Packung Nr.2 unterwegs bin, sehe ich Pa da hinten stehen, versonnen drein schauen, und "Fauuu-Äähhhs-Geee 12 Millimeter Glas" tief hinein in das blasse Gesicht eines jugendlichen Osho Freundes flüstern. Seiner Laune und Tagesform entsprechend, kann dann und wann auch ein „nur so", gefolgt von einem in seiner Unverdächtigkeit bis weit über die Grenzen der Frechheit hinaus gehenden „einfach nur so", die Perfektion der Darbietung auf Höhen bringen, die mich, und wie ich hoffe, den geneigten Leser ebenfalls, für den fehlenden Anblick eines Kaffeetassen durch die Gegend tragenden Pas, dem Lotsen, mehr als entschädigen.

2.

Monika kommt und kommt nicht. Das junge Paar, das sicher auch schon knapp die 30 hinter sich hat, wird lauter. Erregter. Mir fällt ein, dass ich mir schon lange keine CD mehr gekauft habe. Das junge Paar schaut rüber zu mir. Beide gleichzeitig. Ich hebe die Schultern und lasse sie fallen. Ein abgehalfterter Kabarettist würde fragen: Boah, was geht ab Mann? Doch ich schweige. Ich setze dieses blöde Grinsen, das mich immer in den Verdacht bringt, nicht ganz dicht, oder von einem anderen Planeten zu sein, auf und vollführe das dazu gehörige, kaum merkliche Kopfschütteln. Ein Kopfschütteln im Millimeterbereich. Ein Kopfschütteln, das dem Stillhalten verwandter ist, als dem Nein sagen. Ja, Osho hatte es gut, er war „never born" und nur zu Besuch auf dem Planeten Erde. „Never died" ist er auch. Never Diät, würde Pa, der Lotse, wohl sagen – immer dieselben Mätzchen.

9

Margitta, die Löwin, bringt mir meinen italienischen Kaffee. In ihren Augen steht das, was ich eh schon weiß: Schon wieder du hier, hast du kein Zuhause? Nein, du hast keines. Also bleibe. Aber sagen tut sie, dass es besser ist, den Heimweg anzutreten, solange man noch den Besitz der Muttersprache oder wenigstens etwas entfernt an sie Erinnerndes, für sich reklamieren kann. Sie streicht mir über die Schulter. Ist schon gut. Ist schon alles gut so, Patrick.

Margitta arbeitet eigentlich nicht hier, obwohl sie ständig da ist. Eigentlich. Ihre eigentlichste Aufgabe aber besteht darin, Pa, dem Lotsen, wann immer er ins philosophieren kommt, verächtliche Blicke zuzuwerfen und so zu tun, als würde er in einer nur für ihn verständlichen Sprache sprechen. Einmal sagte sie, praktisch im Vorübergehen, mitten in einen wütenden Diskurs, den der Lotse mit einem palästinenserbetuchten Oshoweibchen führte: Pa, ich kann dich sehen. Pa verstummte augenblicklich. Packte seine Jacke. Ging.

Die am Nebentisch werden immer aufgebrachter. Vielleicht sollte Pa ein paar von den Engeln aus Heinrich Bölls „Nicht nur zur Weihnachtszeit" an den Tischen anbringen lassen, die immer „Frieden, Frieden" flüstern. Andererseits teilt uns im zehnten Matthäus-Kapitel der Mann aus Nazareth mit, dass er nicht gekommen ist, Frieden auf die Erde zu bringen, sondern das Schwert. Das jedenfalls scheint, im Hinblick auf die Advaita-Szene, gut funktioniert zu haben.

3.

Wenn man sich Coburg mit dem Auto aus Richtung München-Nürnberg-Bamberg nähert, hat man in Höhe von Breitengüßbach die Wahl. Entweder man bleibt auf der Autobahn, fährt somit an Lichtenfels vorbei und vorher durch den sogenannten Gottesgarten bei Staffelstein, oder man wechselt bei der dritten Breitengüßbach-Ausfahrt auf die Bundesstraße 4.

Ich bin mir nicht sicher, ob es richtig ist, sich Coburg überhaupt mit dem Auto nähern zu wollen. Ist es nicht vielmehr so, dass, selbst und gerade bei der Strecke durch den Itzgrund, erschreckend klar werden muss, wie wenig diese Stadt mit der sie umgebenden Gegend zu tun hat. Und doch entspricht das auch nicht ganz und gar der Wahrheit. Man könnte, und es gibt einiges was dafür spricht, man könnte also sehr wohl die Meinung vertreten, dass das, was Coburg ist, sich gerade aus der Trostlosigkeit der diese Stadt umgebenden Gegend heraus erklären lässt.

Sei es, wie es mag. Leute, die von der tatsächlichen Stadtentwicklung - mit dem Wort "tatsächlich" wird dann meist die geschichtliche Entwicklung gleichgesetzt sein - berichten könnten, werden sich für diese Trostlosigkeit-These nur wenig erwärmen wollen.

Wer sich Coburg durch den Itzgrund nähert, und das wäre zumindest für Vestestadt-Besucher aus dem Süden meine Empfehlung, wird zwar nicht begreifen, warum ausgerechnet Coburg die erste deutsche Stadt war, die Adolf Hitler Ehrenbürgerrechte verlieh, aber er wird, sollte er auch nur den Anflug eines atmosphärischen Fühlens sein eigen nennen, ein erstes Puzzleteil in Händen halten, was auch immer er später damit macht, wozu auch immer er es später dann benutzen, nicht benutzen will. Auch wird er wissen, dass knapp eine halbe Stunde Autofahrt mehr Saufdruck als selbst ein viereinhalb-minütiges Zwangszusammensein mit einem aus der fröhlichen Bestell-dir-was-beim-Universum-Clique, erzeugen kann.

Wer hingegen gezwungen ist, sich Coburg über die Rodacher Strecke zu nähern, dem sei ein vorheriges Gespräch über Bromazepam, Diazepam oder einem ähnlichen Benzodiazepin, mit dem Arzt seiner Wahl wärmstens ans Herz gelegt. Die Psyche eines Menschen ist ja auch nicht ewig über ihre Grenzen hinaus belastbar und nicht jedem diesbezüglichen Vernichtungsangriff folgt das, was man das Erwachen, oder das, was man die spirituelle Erleuchtung nennt.

4.
Man kann sich schon täuschen lassen. Hinter den Gesichtern etwas vermuten. Etwas hineininterpretieren - etwas, das es nicht gibt, etwas, das einfach nicht sein kann. Schnickschnack. Hinter dem immer lauter werdenden Paar fangen zwei Straßenmusiker an, sich in Stellung zu bringen. Zwei Gitarren und ein wahrscheinlich selbst gebasteltes Teil, das einer von den beiden mit dem Fuß bedient. Bum Bum... passt! Zwei Gitarren finde ich gut und ich freue mich darauf, mich von der Musik wegtragen zu lassen. Mich und diesen Café-Garten verzaubern zu lassen, und mit ihm die ganze Welt, wenn es gut geht, mein ganzes Denken.

Ich schau kurz zu Margitta rüber. Nicht, dass ich meine, sie würde die Zwei mit den Instrumenten wegschicken, aber ganz sicher bin ich mir schon längst nicht mehr - bei gar nichts. Ach Patrick, ach Margitta, ach Welt... und sie spielen:

S-Bahn-Manuel-Song

Du kannst ihn weder suchen noch vergessen
Du siehst ihn nur, wenn du schon draußen
Auf dem Bahnsteig stehst
Den Blick in seinen Augen und die Kappe
Die viel zu große Macho Lederjacke
Die Narbe unterm Kinn

S-Bahn Manuel fährt durch die Träume
Die wie bunte Schatten
In den Straßen wehn
Gespenster gehen längst an ihm vorüber
Nur ein paar Toten winkt er tränenlos
Und schmerzfrei zu dabei

S-Bahn Manuel fährt durch die Träume
Manchmal begegnen zufällig
Ihm eigene dabei
Und sieht uns heute sitzen wo wir saßen
Und sieht uns heute taumelnd auf den Straßen
Durch die Tage ziehn

Es hätte keinen Sinn ihn anzusprechen
Er würde nicht mehr wissen
Wer du bist
Und wolltest du dein Brot auch mit ihm brechen
Er würde niemals deinen Namen sprechen
Weil er so schnell vergisst

S-Bahn Manuel fährt durch die Träume
Die wie bunte Schatten
In den Straßen wehn
Gespenster gehen längst an ihm vorüber
Nur ein paar Toten winkt er tränenlos
Und schmerzfrei zu dabei

S-Bahn Manuel fährt durch die Träume
Manchmal begegnen zufällig
Ihm eigene dabei
Und sieht uns heute sitzen wo wir saßen
Und sieht uns heute taumelnd auf den Straßen
Durch die Tage ziehn

Das junge Paar saß mit dem Rücken zu den Musikern. Sie wollten sich wohl nicht stören lassen. Sie wollten wohl, dass das alles ganz schnell ein Ende nimmt. Er hat auf seine Uhr gesehen. Sie hat dabei zugesehen, wie er auf seine Uhr sieht. Ich habe beiden dabei zugesehen und ich schwöre, ich habe es nicht getan, ihnen nicht zugesehen, und kann es doch so auch nicht sagen. S-Bahn Manuel fährt durch die Träume. Durch die Träume. Durch die Träume.

5.

Sie stimmen ihre Instrumente nach. Es kommt nicht häufig vor, dass man einen Straßenmusiker mit einer Gibson Gitarre sieht. Es könnte eine ältere J-45 sein, doch so richtig habe ich den Plan auch davon nicht. Sie klingt mir nicht offen genug, macht nicht weit genug auf, meinen Himmel nicht und auch nicht den meines Gottes. Die andere ist eine Yamaha aus den 70er Jahren. Die könnte offener... Die könnte mir und meinem Gott einen Himmel bauen, einen Himmel, der mich bereits im Augenblick seines Entstehens für ganze Jahre verschütteten Lebens entschädigt hat. Einen Himmel, der mich wieder aufnimmt und mir sagt, dass ich richtig unterwegs bin. Richtig unterwegs war - in allem. In all dem Falschen. Ein Himmel, dem ich endgültig glauben kann, dass ich nur aus ihm komme und nur zu ihm gehe - ob ich ihn nun sehe oder nicht. Sie spielen weiter:

Rabentage

An Rabentagen wird mir klar
Wie das damals gewesen ist
Wie viel ein Schritt nach vorne
Manches Mal uns Menschen nötig scheint

Als wäre da ein Platz für mich
In diesem großen Bühnenstück
Ne Tür, auf der da gottgewollt
Ein Name lebt, der heißt wie ich

Wo selbst auf Felsen und im Wald
Doch nicht die alte Angst ausbricht
Vom Menschen vor der Urgewalt
Wo alles einfach Heimat wird

Wenn der, der mir so manches tat
In meinem Kopf fast Bruder wird
Und näher ist als der, den ich
Nicht kenne, ist's ein Rabentag

Ob sie diesen Spagat durchhalten können? Diesen Spagat zwischen politischen Texten wie dem hier, und diesem anderen? Diesem... ewig anderen? Viele von denen, die ich kannte, als mich noch jemand kannte, kamen aus der linken politischen Ecke zum Advaita. Sie beschäftigten sich damit, wie sie sich halt beschäftigten und kehrten dann nicht etwa wieder in ihre politische Ecke zurück, sondern sie kehrten in etwas zurück, das mir einfach nicht gefallen mag. Aber es ist ihre Sache. Und auch diese Welt ist nicht dazu da, mir zu gefallen. Von daher...

6.

Letzte Woche schob Margitta mir einen Zettel rüber. Ich trage ihn immer noch mit mir herum. Manche Sachen sind wichtig. Manche Sachen sind wie aus einer anderen Welt. Es gibt einfach Sachen, die gewichtiger sind. Dieser Zettel zum Beispiel ist mehr wert, als gut die Hälfte der Bücher, die sich hier im Café befinden. So wie eine Hand auf der Schulter mehr wert sein kann, eine Hand, nur wenige Minuten aufgelegt, mehr wert, als eine mehrjährige Beziehung. Ach, ihr Entwickler! Ach, ihr spirituellen Weiterkommer. Mir graut vor euch. Ihr, die ihr mich anruft, seit Jahren schon - ein ewiges Déjà-vu. Ihr karmischen Knotenlöser, nichts habe ich mit euch gemein. Ich werde stehen und ich werde bekennen: Ich habe euch nicht gekannt.

Ich hätte das dritte Galette wirklich nicht essen sollen. Die Pizza hier ist auch nicht schlecht. Nicht allzu groß. Aber so für zwischendurch wahrlich eine Bereicherung meines Lebens. Freilich trägt die intergalaktische Chilimischung, die sie hier haben, ihren Teil dazu bei. Das Eis ist auch gut. Sphagetti Eis mit Erdbeersauce. Pa hat diese Sachen im Griff. Pa ist einer von den Guten. Und ich kann hier schreiben. Ich kann hier sitzen und schreiben, so lange ich möchte, sitzen und lesen, so lange ich möchte. Das ist nicht selbstverständlich. Gar nichts ist selbstverständlich. Pa ist einer von den Guten. Aber das sagte ich schon.

Jetzt bin ich eigentlich ganz froh, dass Monika so lange rumtrödelt, denn die ganze Szene hier, mit den Musikern und so, gefällt mir. Fühlt sich an, als wäre es vor vierhundert Jahren so ausgemacht, dass das jetzt eben... dass das, was hier passiert in all seinem Nicht-Passieren, eben genau so und nicht anders auf die Bühne gebracht wird. Nein, ich will jetzt nichts über die Schwierigkeiten eines Jackenkaufs in Kleidergröße 34 hören. Nichts von hoffnungsvollen Ausflügen in die Kinderabteilung. Nichts von statischen Aufladungen und nichts von einer ganzen Welt außerhalb dieser Situation hier. Nicht heute, nicht morgen – nie wieder.

Ich versuche mich kurz in Margittas Augen zu finden, in den Augen dieser kleinen, schönen, älteren Frau, in den Augen dieser unheimlich starken Frau, und lasse mich tief in meinen Stuhl zurück sinken. Lasse es zu, dass sich meine Lider etwas senken. Mein Körper etwas hinunter rutscht – beinahe in eine Liegeposition. Ich bemerke, dass ich leicht lächle, während ich meine Turnschuhe betrachte. Alles ist gut. Auch das was war. Turnschuhe sind eigentlich Zeitreise-

Instrumente. Aber das wissen, wie so Vieles, nur die Guten. Ich versinke noch tiefer in meinem Stuhl und die Straßenmusiker setzen aufs Neue an...

Wäsche - Song

Wenn es düster wird im Zimmer
Und der Kaffee längst schon kalt und bitter
Drüben scheint Licht aus diesem Fenster
Nur ein paar Kinder noch
Die sich draußen anschrein
So als hätt's die ganzen Jahre nie gegeben
Seit der Zeit

Manch andres Foto an der Wand
So mancher Held verschwand schon von der Küchen-
tür
Bist du auch manchmal fort gerannt
Führte dein Weg dich nie
Mutig her zu mir
So als hätt's die ganzen Jahre nie gegeben
Seit der Zeit

Werd wohl noch ein bisschen bleiben
Lege im Waschbecken die Wäsche ein
Kauf neue Bilder für die Wände
Werde heut Nacht nicht alleine sein
So als hätt's die ganzen Jahre nie gegeben
Seit der Zeit

7.

Der Stuhl neben mir wird nicht gerade sanft weggezogen, und Nina van der Hazzi knallt, ja knallt, sich hinein. Wartet. Taucht aus dem Stuhl auf und sieht mich mit ihren großen Augen an, als wollte sie sagen... her damit. Ich bin hellwach. Was gibt es, frage ich sie, während ich versuche, möglichst unerschrocken auszusehen. Die Kreuzbergerin mit den kurzen grauen Haaren scheint unschlüssig. Du, sagt sie. Es klingt wie eine Drohung. Sie lässt sich wieder in den Stuhl fallen, besser gesagt, schmeißt sich in den Stuhl, um so besser in ihrer Tasche wühlen zu können. Ich fühle mich nicht wirklich bedroht, aber so ganz sicher bin ich mir auch nicht.

Die Musiker kann ich wohl erst einmal vergessen und das Pärchen am Nebentisch hat nun mich, bzw. mich und Nina, endgültig der genaueren Betrachtung für würdig befunden. Was habe ich getan? Hatte ich Nina beleidigt und sie hat nun ein Schreiben vom Anwalt in der Tasche? Blödsinn. Hingelangt werde ich doch wohl auch nicht haben, daran würde ich mich erinnern. Noch mehr Blödsinn. Es riecht irgendwie nach Anwalt. Scheiße. Nun gut. Wir werden sehen. Irgendetwas hat sie in der Hand, die aber in der Tasche zu verbleiben scheint.

Patrick, ruckartig schaut sie nach links als müsste sie sich versichern, dass von da weder die GSG 9, noch eine Horde Engel auf uns zustürzen. Noch ruckartiger dreht sie ihren Kopf nun wieder mir zu. Patrick, du. Ich fühle mich unterlegen - und wie die meisten Menschenkinder, kann ich gerade dieses Gefühl nicht leiden. Also richte ich mich nun vollständig auf und und schaue mit aufgerissenen Augen, über eine nicht vorhandene Brille, Nina van der Hazzi an und zementiere ein sehr langgezogenes, waaas iiist, in ihr plötzlich etwas spitzbübisch wirkendes Gesicht. Ist Zirkus Renz ohne uns weitergezogen, abgebrannt, sind die Giraffen weggelaufen? Einen Kaffee, ruft sie, wem auch immer zu - ich sehe niemanden. Doch jetzt nur nicht nervös machen lassen. Autor sein. Im Café sitzen. Das klingt doch so friedlich. Erde an Nina! Hier hast du es! Ich habe mir die ganze Nacht damit um die Ohren geschlagen, lies! Ich bekomme ein paar krüpfelige Zettel in die Hand gedrückt, und fange an zu lesen...

In einem kleinen Wald

In Vielem habe ich recht gehabt, dachte sie, während sie sich ihr Butterbrot mit etwas Schnittlauch und Salz bestreute. Mit vielem recht gehabt zu haben, bedeutet, dem Unglück ausgeliefert zu sein. Hier ist nichts mehr wahr und doch habe ich recht gehabt. Das ist nicht gut. Und das wird auch niemals gut sein. Habe schon fast nicht mehr zugegriffen auf die Dinge der Welt, und doch griff ich zu. Ich entschied nichts, und die Dinge, die da auf mich zukamen, waren einfach nicht zugriffsunmöglich. Ja, es kommt immer etwas, was dann nicht zugriffsunmöglich ist. Ich hätte also genauso gut entscheiden können, auf was ich zugreife. Was ich ergreife. Ja, mehr noch: von was ich mich ergreifen lasse.

Hinter dem Haus das kaputte Fahrrad und die Büchsen, die durch Mülltrennorgien hier zu einer Staatsgründung zusammenfanden. Sie machen hier Demokratie und sie wählen einander und verurteilen sich für ihre Fehler. Das ist ein sehr christliches, nein, ein für Christen typisches Verhalten. Wie sollte man auch bei sich bleiben, wenn man eine Blechdose ist. Ich bin auch so eine Blechdose. Ich schaue, was die anderen Dosen so machen und bewerte, und sehe manchmal, so scheint es, doch ziemlich klar. Dass dieses ganze Klarsehen in sich schon der größte Unsinn ist, fühle ich lange schon in meiner Brust. Ich hätte entscheiden können, größer wäre der Ärger dann wohl auch nicht geworden.

Nein, ich wollte loslassen. Alles so schön loslassen, bis endlich das Gefühl für mich selbst losgelassen wird. Ja, und es war auch weg. Und es kam wieder. Ich rede nicht mit den Leuten hier, ich rede im Internet. Endlose Stunden sinnloses Zeug. Ich rede und ich rede und mein Leben, meine Seele, mein Alles, wird hineingezogen in diesen Monitor. Von da aus durch den Rechner, durch drahtlose Verbindungen und durch Kabel, bis hinauf in die Satelliten. Wo sich wohl all diese Energie bündelt, sammelt? Wer sitzt da am anderen Ende der Tafel? Hier wir Süchtigen, denen die Seele aus der Brust gezogen wird. Lebensunfähig immer - postingunfähig nimmer! Die Welt der sozialen Netzwerke und Internetforen ist ein einziger großer Leichenhaufen. Auch das Größte wird dort klein gekriegt und als Gegenwert bekommt man gar nichts. Auch nicht das schöne Nichts, über das die Süchtigen reden, die sich spirituell nennen. Bei diesen Suchern scheint es am ärgsten zu sein mit der Sucht.

Die tägliche Suchvermeidung ist das Ziel - nicht das Suchen, nicht das Finden. Finden ist nicht vorgesehen, schon lange nicht mehr.

Hier geht noch Kaffee machen und der Gang zur Toilette. Dann muss aber nachgesehen werden, wer etwas gepostet hat. Jedes einzelne gelesene Posting ist ein Biss in mein Fleisch. Jedes einzelne geschriebene Posting das Rausreißen eines Stückes meiner Seele. Nachts manchmal, da weiß ich das, was ich angeblich weiß. Nachts manchmal, das ist die Zeit, bevor ich die Kaffeemaschine einschalte und den Rechner hochfahre. Das ist aber auch die Zeit, in der ich, wenn ich mal nicht schlafen kann, noch mal kurz reinschaue. In die sozialen Netzwerke, in die Welt, die nicht mal einen Atemzug Luft zu geben hat. In die Welt, die mein Leben so radikal ausgelöscht hat, wie es Alkohol, Drogen und Sexsucht nie zustande gebracht hätten.

Die Dosen hinterm Haus wissen auch immer etwas. Manchmal setze ich mich zu ihnen und höre ihnen zu. Von Welten wissen sie zu berichten und Bilder haben sie zu zeigen. Dose 1 in Indien. Dose 2 mit der neuen Freundin. Dose 3 live dabei - wo auch immer. Wo ist denn hier die Vorspultaste? Wie komme ich schnellstmöglich an den Punkt, an dem Dose 1 die neue Freundin hat und Dose 3 in Indien ist? Das ist Zynismus, höre ich mich sagen, und schaue gen Himmel.

Neben mir fängt es plötzlich an zu kichern. Die Dosen kichern vor sich hin! Was geht hier ab? Kichernde Dosen – so also endet nun alles. Während ich mich ihnen in der Hoffnung zuwende, dass das alles doch nicht wirklich ist, höre ich hinter mir eine Stimme. Häng' dich auf! Erschieß' dich! Was denn nun? Soll ich mich aufhängen oder erschießen? Nein, es ist überhaupt nicht gleich. Ich werde sowieso erst einmal reingehen und schauen, ob auf mein Posting mit dem herbstelnden Blätterregen ein Kommentar geschrieben wurde. Vielleicht hat wenigstens jemand "Gefällt mir" gedrückt. Ich habe keine Zeit, mich um kichernde Dosen und Stimmen von wer weiß woher zu kümmern. Außerdem muss ich essen. Wenn ich vier Wochen nichts essen täte, würde ich, mit an Sicherheit grenzender Wahrscheinlichkeit, verpassen, wie User 7 von dem "Glücklich in jedem Moment - Modus" in den "Wir sind alle eins - Modus" wechselt und wie User 724 bekanntgibt, dass er am "Ich erschaffe meine Welt Selbst - Modus" gescheitert ist. Man sollte schon essen, denn schließlich und endlich bewegen wir uns doch alle auf der relativen Ebene. Ups, User 968 hat nun auch auf den "Ich erkenne die relative Ebene als gegeben an - Modus" gewechselt. So ganz kann ich User 968 eigentlich nicht leiden, und die Gründe für seine letzten drei Modiwechsel kann ich, wenn ich ehrlich bin, und wir sind ja unter uns, nur als fadenscheinig, nein, viel mehr noch, als unglaubwürdig, das heißt, nicht nachvollziehbar, empfinden. Ich habe so das Gefühl, dass es mir nicht mehr lange in dem "Ich erkenne die relative Ebene als gegeben an - Modus" gefallen wird. Irgendwie sagt mir meine innere Stimme, dass es das auch nicht sein kann. Mal abgesehen davon, dass User 968 in Wirklichkeit ein Trottel ist. Verzeiht mir, aber anders kann man es leider nicht sagen. Ich weiß wirklich nicht, ob sie in ihrem Leben, ja User 968 ist eine Frau, noch etwas anderes macht, als in irgendwelchen Foren und Netzwerken Anerkennung zu suchen. Das hat doch etwas Erbärmliches. Ja, ich weiß, ich bin auch nicht anders, aber ich... Aber ich. Ich bin ihr voraus. Ich hörte vorhin die Stimme von wo auch immer: Erschieß' dich! Häng' dich auf! Ich habe also wenigstens noch irgendeine Art von Kontakt zu irgendetwas Gesundem.

Wer da wohl zu mir gesprochen hat? War es mein höheres Selbst? Die innere Stimme hört sich anders an, und das Bauchgefühl ist so von sich selbst angetan, dass es sich eh mit niemandem anderen auf eine Diskussion einlässt. Wem schreibe ich nun das am besten? Oder soll ich es gleich öffentlich auf meine Seite des sozialen Netzwerks posten? Aber, wer antwortet mir schon. Ein paar Internet-Trolls vielleicht und die Freundinnen mit der Gegenseitig-Schreib-Was-Dazu-Garantie. Nie ausgesprochene Absprachen haben die längste Halbwertszeit.

Ich bin nun drinnen. Die Dosen vor dem Fenster geben sich überhaupt keine Mühe mehr, ihr Kichern zu vertuschen. Mir scheint auch, dass die Mikrowelle gerne ein Bild von sich... aber lassen wir das. Ich habe Schuhe, die ich anziehen und mit ihnen das Haus verlassen könnte. Ich könnte auch Uschi, Olga oder Günther mit dem dreier Golf anrufen. Wir gehen doch ab und an gemeinsam einen Kaffee trinken. Das wäre schön. Oh, wie wäre das Scheiße! Nein, dann lieber hier geblieben und noch mal geguckt. Bei "Spirituell für einen kiesgelben Weltfrieden" war ich heute noch gar nicht eingeloggt. Und gerade da habe ich das Gefühl, dass in letzter Zeit etwas geht. Wenn man die Antennen dafür hat, merkt man wirklich, wie sich nun alles verändern will auf unserem Planeten. Wie sich die Leute selbst nicht mehr ertragen können und dann neu werden. Ein neuer Planet mit neuen Menschen, in eine neue Zukunft.

Meine Zukunft ist nicht neu. Ich werde Zeilen lesen, und werde darauf Antwort geben. Ich werde Zeilen nicht lesen und dann später doch lesen. Ich werde Zeilen lesen und sie nicht beantworten und sie auch später nicht beantworten. Ich glaube, die Dosen vor dem Fenster halten wieder Wahlen ab. Wie gesagt, es geht sehr demokratisch bei ihnen zu. Sie machen sich ihre Gedanken und sie sind voll des Wohlwollens. Dieses ganze Verbittertsein hat auch keinen Sinn. Wir machen damit nichts besser! Keinen Deut machen wir mit unserem Zynismus die Welt besser.

Ich glaube, ich habe noch ein Bild von einem Gänseblümchen vom vorletzten Jahr auf dem Rechner. Ich habe doch die Daten gesichert? Ja, habe ich. Jetzt weiß ich es wieder. Ich musste an dem Tag meine Mutter zum Arzt fahren, der Rechner ging nicht und beim Augenarzt hätte ich eigentlich selbst einen Termin gehabt. Es ging drunter und drüber. Nein, ich werde mich heute nicht mit Klaus verabreden. Der Tag ist einfach viel zu voll. Ich weiß echt nicht, wie ich früher alles unter einen Hut gebracht habe. Haushalt, Kinder, und es war sogar noch Zeit fürs Einkochen von irgendwelchem Obst. Ja, das könnte ich mal wieder tun.

Mann habe ich längst auch keinen mehr. Aber wenn ich irgendetwas auf der Welt so gar nicht brauchen kann, dann ist es jemand, der mir mein Leben vorschreibt. Ich habe soziale Kontakte! Ich bin ein

Mensch! Als Mensch ist es normal, soziale Kontakte zu haben. Jeder hat soziale Kontakte. Männer sind das Letzte, das wirklich Letzte, wenn man erst einmal eine Beziehung mit ihnen hat.

Das Bild mit dem Gänseblümchen muss doch irgendwo sein. Verdammtes Durcheinander! Wie soll denn da einer klarkommen? Man, jetzt weiß ich es wieder, ich habe es doch Gudrun mit auf die digitale Geburtstagskarte geladen. Das war doch erst letzten Monat oder irgendwann. Ich merke mir nichts mehr. Ich merke mir in letzter Zeit echt nichts mehr. Alles müsste ich mir aufschreiben. Wo ist nun das verdammte Foto mit diesem Scheiß-Gänseblümchen?! Ich halte das alles nicht mehr aus. Ich halte das alles, alles nicht mehr aus. Ups, da hat mich Jan angechattet, der war jetzt, glaube ich, schon zwei Tage nicht mehr online. Warte, ich antworte kurz…

Wow, Nina, wo kann ich „Gefällt mir" drücken? Mir werden die Zettel aus der Hand gerissen, achtlos in die Tasche gewürgt. Und nun, fragt Nina. Ich fühle mich tief in ein Land hineingezogen, das ich weder sehen, noch sonst was kann, und antworte: Nina, frag mich nicht, mich darfst du nicht fragen – so etwas nicht, und am besten…

8.

Nina van der Hazzis Gesicht verfinstert sich. Du. Du, sagt sie. Ich weiß gar nicht, warum ich dir das gezeigt habe. Was habe ich erwartet? Habe ich erwartet, dass der Herr mal Stellung bezieht? Grade der? Grade der, der nichts zu sagen hat, und es dann auch noch fertig bringt, eben dieses Nichts-zu-sagen-zu-haben aufzuschreiben? Davon, dass sich das auch noch verkauft, möchte ich gar nicht sprechen - der größte Scheiß wird heute verkauft.

Weißt du Patrick, jeder Junkie ist mir lieber als du. Hast du gehört, Patrick? Junkies sind Menschen, die wenigstens wollen, die wenigstens irgendetwas lieben. Aber der Herr Patrick sitzt im Café, glotzt blöde in der Gegend herum, und hält sich am Ende noch für einen Künstler. Patrick, du bist kein Künstler! Ein Arsch bist du. Ich weiß gar nicht, warum ich meine Zeit hier mit dir vertrödle. Klarheit, Patrick! Klarheit, daran mangelt es dir! Da haben die spirituellen Leute ganz recht. Du bist ein stinkender Tümpel, mehr nicht. Licht und Klarheit! Man sollte dir nicht zuhören. Man sollte Hinweisschilder aufstellen, damit sich keine ehrliche, offene Seele zu dir verirrt. Ich habe so die Schnauze voll von dir. So die Schnauze voll von dieser ewig ablehnenden Haltung. Du tust mir nicht gut. Nein, du tust mir wirklich nicht gut. Ich werde jetzt gehen. Ich werde jetzt gehen, und es tut mir aufrichtig leid, dass ich dir meinen Text zu lesen gegeben habe. Tschüss Patrick. Tschüss und mach es gut. Ja, mach es endlich einmal gut! Damit würdest du uns allen einen Gefallen tun.

Nina gibt mir einen Kuss auf die Stirn, fasst mir in die Haare, greift zu und schüttelt meinen Kopf, fast liebevoll. Liebevoll. Ach Patrick, sagt sie... und geht.

Wenn sie wenigstens recht gehabt hätte. Wenn sie wenigstens in diesem einen Punkt recht gehabt hätte. Vielleicht wäre dann alles besser. Vielleicht wäre dann das da, was Nina Klarheit nennt. Aber es ist nicht so. Es ist leider nicht mal das wahr... denn Patrick liebt.

Patrick liebt

Patrick liebt die, welche die Hände halb in den Hosentaschen und die Ellbogen nah am Körper haben. Die, die durch eine kleine Handbewegung grüßen. Oder ein minimales Nicken. Die, die weitergehen. Die, die immer schon waren, die, die immer sein werden. Die, die nicht reden, selbst wenn sie reden. Die, die den Engeln noch verwandter sind als den Menschen. Patrick liebt sie.

Patrick liebt die, die es immer wieder geschafft haben, jegliche Arbeit von sich abzuschütteln. Die Götter, die hier als Trinkende, Kiffende, Taumelnde, über die Erde ziehen. Die, die lachen! Die, die lachen und nicht wissen können warum. Die, die man früh um acht schwankend vor dem Einkaufsmarkt sieht. Patrick liebt sie. Die Götter dieser Erde. Man darf sie nicht verwechseln mit den Trinkern - mit den Trinkern, von welchen sie meist umgeben sind. Man braucht Augen für die Götter. Augen, die sie sehen können. Patrick liebt sie.

Patrick liebt auch Patrick, den, der schreibt. Der nicht ein Engel ist und nicht ein Gott. Der, der das, was er sah, aus sich herausholt und an die Himmel dieser Welt malt. Das, was in ihn reingefallen ist - in eine ihm fremde Tiefe hinein. Kein Aufschlag. Nur fallen. Patrick liebt auch Patrick, den, der schreibt. Schreibt, von alledem, das sich finden ließ, vielleicht ganz ohne Nutzen, jedoch voll von Schönheit: All das, all der Schein von dem, was Patrick nicht kennen kann. Patrick liebt auch Patrick, das ist wahr.

Patrick liebt auch Gott. Gott, der oben, droben im Himmel, seine Hand vor die Augen hält, den Kopf schüttelt und lacht, wenn er Patrick sieht. Der, der das Funkeln und das Leuchten kennt - ohne Sinn und ohne Ziel. Patrick liebt auch Gott. Gott, der oben, droben im Himmel, schwimmend die Erde umkreist. Den Gott, der den Patrick in sich aufnimmt und sich von seinem Spiel erfreuen lässt. Hinkend, lachend, manchmal grell wie die Sonne, manchmal warm und weich wie die sanfte Wärme eines Stalles und manchmal schrill, dass es ihm in den Ohren pfeift. Patrick liebt auch Gott, das ist wahr.

Patrick liebt auch die, auf die er wartet. Die sich in Küchen krümmen, und noch nicht raus zum Spielen kommen können. Patrick kann warten. Es muss nicht geschehen. Patrick kann warten auf die, die schon so lange nicht mehr raus zum Spielen kommen. Patrick glaubt ihnen das nicht, was sie sich glauben. Patrick wartet. Patrick wartet von Ewigkeit zu Ewigkeit. Wartet auf die, die ein Fenster haben. Die, die einst dieses freiere Land sahen. Vergaßen. Unglaublich staunen werden die wieder. Patrick liebt sie.

Patrick liebt sein Grab. Sein Grab, dort auf dem Hügel, dort auf dem Glockenberg. Es ist ihm Freund und ist ihm Trost. Patrick liebt sein Grab. Er besucht es, wann immer er kann. Wie eine alte Liebe. Wie ein Gruß aus einer ganz anderen Heimat. Einer ganz, ohne „ganz", wirklicheren Heimat. Ja, das Grab ist Patrick nicht kalt. Patrick liebt sein Grab.

9.

Nichts von alledem wird bleiben. Welch ein Trost. Das Pärchen am Nebentisch versucht zu klären, ob Ramesh Balsekar ein echter Nachfolger Nisargadatta Maharajs war. Sie ist der Meinung, dass er sehr wohl als echter Nachfolger zu bezeichnen ist. Er ist der Meinung, dass sie so etwas nur sagen kann, weil sie von Nisargadatta Maharaj nie so wirklich den Plan gehabt hat. Sie sagt, sie hätte sich sehr wohl mit Nisargadatta beschäftigt. Nun wird er gleich darauf hinweisen, dass doch in der Zeit, in der sie sich angeblich mit Nisargadatta beschäftigt hat, er mit ihr zusammen war. Sag es! Sag es schon! Und? Nein, er sagt es nicht. Er sieht zu mir rüber, zu mir, dem noch die Predigt von Nina van der Hazzi in den Knochen steckt. Junge, denke ich mir, Junge, da kann ich dir jetzt auch nicht helfen. Diese Spiele sind nicht zu gewinnen.

Mir ist wirklich noch ein wenig flau im Magen. Und obwohl ich eigentlich reichlich satt bin, steht das Wort Pizza in roter Schrift wie eine Leuchtreklame vor meinem inneren Auge. Vielleicht teilt dann Monika eine mit mir? Aber das hätte auch keinen Sinn. Nach einer Halben müsste ich noch eine weitere bestellen, weil mir die Halbe dann eh nicht genügt. Da Monika aber nicht mehr als diese eine Halbe essen wird, habe ich zu den 3 Galetten dann auch noch eineinhalb Pizzas drinnen. So, mein Junge, das sind die Probleme, die anstehen! Nisargadatta? Ramesh? Mit dieser Pizza-Frage könnte man am ehesten noch Samarpan kommen, der liebt praktische Fragen. Vielleicht auch Edgar Hofer. Bei Karl Renz wäre ich da vorsichtiger, da weiß man vorher nie so recht…

Ist es denn nun richtig zu sagen, Ramesh wäre ein Nachfolger von Nisargadatta, oder nicht? Die Frage fängt an, mich zu interessieren. Ich hatte nie das Gefühl, dass die beiden Lehrer denselben Heimatplaneten haben. Doch wie viele Brillen von denen, die ich für solch eine Frage aufsetzen muss, sind denn überhaupt verkauft worden? Nein, das ist kein Kriterium - von irgend jemandem verstanden oder nicht verstanden zu werden, ist kein Kriterium dafür, eine Frage anzunehmen, oder nicht. Diese Frage ist wichtig, es ist eine gute Frage.

Die Ramesh-Frau am Nebentisch kommt jetzt mit Neal Donald Walsch und seiner „Gott hat sich in Millionen von Lebewesen geteilt, um sich selbst erfahren zu können" - Theorie. In meinem linken Turnschuh macht sich ein leichtes Jucken breit. Junge, Junge… den Ritt schaffst du nicht. Aber, man kann ja nie wissen... Er geht zum Frontalangriff über: Wirst du als Nächstes Bärbel Mohr ins Feld führen? Manchmal frage ich mich, mit wem ich da überhaupt rede. Und wenn wir schon dabei sind, können wir Robert Betz fragen, was er so von der Sache hält.

Stille. Ich bin gespannt wie ein Regenschirm. Das hier ist besser als Kino. Schade, dass Pa das jetzt nicht mitkriegt. Holt sie die Axt aus dem Keller? Wird sie ihm kräftig eins überziehen? Ihr Musiker, haltet jetzt bloß die Backen. Ich will das hier hören!

Es ist alles etwas schräg, denn die Frau hat gemerkt, dass ich sie beobachte – ihr sehr wahrscheinlich auch zuhöre. Mist! Das könnte jetzt alles ändern. Das ist ein unerlaubter Eingriff in dieses Spiel. Mich dürfte es hier gar nicht geben. Sie ist mir zu gefasst. Das wird nichts mehr. Und tatsächlich hebt sie an, die große, große Litanei der spirituellen Entwicklung zum Vortrag zu bringen. Wenn ich schiffen gehen müsste, würde ich es jetzt tun. Aber so bleibt mir heute auch das nicht erspart. Also hören ihr Holder und ich nun die Weisen von Lehrern, die doch für manche Menschen, da wo sie stehen, genau die richtigen sind. Wir hören davon, dass das alles doch im Prinzip das Gleiche ist und wir hören von Kapiteln, aus denen hundertprozentig klar wird, dass dieser und jener Autor dann doch etwas verstanden hat.

Diese Kapitel würde ich mir zeigen lassen, mein Junge. Aber du kommst so oder so nicht gegen diese Art Müll an. Da bräuchtest du schon König Artus an deiner Seite oder wenigstens Pa, den Lotsen. Und jetzt ist es ganz vorbei. Jetzt hat sie das Wort gesagt, nach dem jedes weitere Zuhören einfach Masochismus ist. Jetzt hat sie „mein Bauchgefühl" gesagt. Ich stehe auf. Gehe schiffen, obwohl in nicht muss. Im Gehen versuche ich eine große, blonde Frau zu sehen, die es hier nicht gibt, die aber mit ihrem langen, leicht hüpfenden Männerschritt manchmal den Café-Garten durchquert. Nicht wirklich sichtbar. Nein, das nicht.

10.

Von der Toilette wiedergekommen, immer noch leicht zittrig, lasse ich mich in den Stuhl fallen und bedaure, dass ich mir nicht ein Alibi-Buch aus Pas wundervoll umfangreichem Bücherschrank mitgenommen habe. Nein, nicht um zu lesen. Nur, um nicht mehr schauen zu müssen. Keinen mehr anschauen zu müssen. Doch so bleibt mir nur, meine Turnschuhe zu betrachten... Und sie führen mich weg, weit weg, fast ein Leben weit weg, in ein Coburg, das so gar nichts, das so gar nichts mit dem Coburg hier zu tun hatte. Man müsste mal auf eine Landkarte schauen, ob es überhaupt an der gleichen Stelle, wie dieses Coburg hier, gelegen hat. In diesem anderen Coburg gab es das Tie in der Mohrenstraße, die Stadtschenke in der Leo, und schließlich die Oyle. Es gab Musik und es gab Gespräche über Musik. Es gab Geschichten von Leuten, die die Stadt verließen, um nach Berlin zu gehen, und es gab Geschichten von Leuten, die das nicht überlebten. Es gab eigentlich nur wenige Geschichten von coolen Koksern, dafür gab es um so mehr Geschichten von durchgeknallten Pillenfreaks.

Es gab Stühle um den Albert am Markt. Es gab im Hofgarten den Kifferbaum und die Technik der Erdpfeifen war damals hier noch nicht bekannt, jedenfalls ist sie mir nie begegnet. Es gab langweilige Sonntag Nachmittage in der Schenke, und doch waren diese weit entfernt von Wolf Biermanns und Wolfgang Neuss' Kleinstadtsonntag. Sie waren anders. Sie hatten etwas von Umhängetasche und Schreibzeug. Sie hatten etwas von einer ewig kindlichen Ruhe. Einer Ruhe, die von der Veste herab durch das Veilchental in die Leo zu fließen schien. Eine kraftvolle Ruhe. Dass mir eben diese Kraft dann über 20 Jahre gefehlt hat, erfüllt mich mit ebensolchem Staunen, wie die Tatsache, dass das nun wirklich schon so lange her ist seitdem. Es stand noch das Haus an der Einbiegung zur Queckbrunngasse und natürlich war da noch der Saal der Schenke. Aber, es war alles, wie es immer war - nämlich vorbei. Die wirklich starken Zeiten waren längst rum, die legendären Zeiten, die Rohmann-Zeiten, und ich war damals zu jung, zu jung, zu jung. Die ganzen coolen Leute, die echten Leute, kannte ich nur aus Erzählungen hinter vorgehaltener Hand, wenn sie sich mal in der Schenke blicken ließen.

Wann ist nur dieser Übergang, dieser Bruch, dieser Absturz, geschehen zwischen dem Zu-jung-Sein und meinem armlosen Ich-verstehe-die-Welt-nicht-mehr? Hat es da eine Zwischenzeit gegeben? Ich erzähle das alles immer so anders. Ich erzähle es so, als hätte es damals eine Welt gegeben. Ein Coburg. Und doch war es eine andere Leopoldstraße und doch war es eine andere Sonne… und doch!

Es gab noch eine Metzgerei und eine Bäckerei in der Leo, und wenn du die Ohren offen hattest, konntest du das Saxophon des Günter Prokoph auf der Straße hören. Günter Prokoph, Musiker, Liedermacher, Mitglied der Band "Denkmal". "Denkmal" gab es damals schon nicht mehr, aber es gab den "Zweiten Akt". Deutschsprachige, sozialkritische Rockmusik. Für mich roch die ganze Leopoldstraße nach Hannes Wader, nach Konstantin Wecker, nach Bettina Wegner, aber auch nach den Stones, den Pistols und an eben diesen Sonntag Nachmittagen nach Georges Moustaki. Und wenn ich ein Lied für diese Zeit finden sollte, und wenn ich alles, alles, alles auf eine Melodie zusammenstreichen müsste, dann wäre das "Ne me quitte pas" von Jacques Brel. Das gleiche Empfinden, damals wie heute. Die gleiche, fast bedrohliche Hitze in der Brust, ich könnte wetten, die gleiche Mundstellung und der gleiche Druck um die Augen. Nichts kann da verstanden werden. Nichts kann da herausgenommen werden. Nichts kann da verändert werden. Ich glaube, der große, große Heinrich Böll sagte einmal, dass die Augen eines Schriftstellers niemals ganz trocken und auch niemals ganz feucht sind. Das fällt manchmal gar nicht so leicht, nein, wirklich nicht.

Natürlich gab es damals auch das "Sowieso", gleich um die Ecke der Leo, Queckbrunngasse rauf, am Steintor 11. Wirklich mitgekriegt habe ich es aber nicht. Vielleicht waren die Leute, die da verkehrten, den ein oder anderen Tick schicker, vielleicht auch, war mir das alles da oben zu nah an dem, wovon ich weg wollte. Selbst jetzt möchte ich nicht da rauf, nicht mal in dieser Träumerei. Jahre später, als das "Sowieso" "Insel" hieß und der Gitarrist Bernd Jungmann sie mit seiner Partnerin betrieb, war ich öfters oben, auch noch später, als Manni das Teil hatte. Doch da war all das, von dem ich hier berichten will, längst vorbei. Oder war nur ich vorbei und bin es lange, lange noch geblieben.

Weiter hinten, links in der Leo, gab es einen alten Frisör. Nur einmal war ich bei ihm Kunde. Die einzige Frage, die er mir stellte, war: Scheitel oder nicht? Scheitel oder nicht! Wenn ich wüsste, wie ich das beschreiben soll, würde ich es tun. Würde ich es gerne tun, und es wäre nicht von oben herab, und nicht... nicht mit der kleinsten Spur Zynismus vergiftet. Heute fällt mir dieser Satz häufiger wieder ein. Manchmal spüre ich sogar ein fast tierisches Verlangen, damit zu antworten. Vielleicht mache ich das morgen. Vielleicht werde ich auf alles, was mir vor die Flinte kommt, antworten: Scheitel oder nicht? Dieser Satz könnte mein großes Freisegeln werden. Meine Fahrkarte heraus aus diesem Alptraum.

So oder so oder so oder so, mein Junge. Ja, den Degenhardt gab es auch. Für Kultur war also bestens gesorgt.

11.

Wo werden wir in zehn Jahren stehen? Als die Suche damals anfing, gab es Berge von Büchern und schaute ich, dann dachte ich, da wären Leute über Leute. Es will sich etwas zerlegen. Mit Monika fing ich an, den Weg zu gehen, und schon das ist falsch, denn der Weg schleifte uns anfangs durch sich durch. Später dann wollte ich, wollten wir - und doch wurden wir streckenweise weiterhin geschleift, ganz schön geschleift.

Selbst dieses Advaita-Café wird nicht bleiben. Es ist so, als würde man Bücher und Autoren hinter sich lassen. Und ja, auch Leute. Und Lehrer. Würde ich mir wünschen, dass das anders ist? Ja, vielleicht. Vielleicht ein Advaita-Café forever. Die Welt verschwindet in mir und mit ihr verschwinde ich in mir. Habe ich das so gewollt? Ja, das wollte ich so und das will ich so. Es wird von Bergen und Gipfeln gesprochen. Aber mein Gipfel ist der tiefste Punkt des Tals. Und er hört nicht auf in die schwarze Tiefe zu wachsen, alles verschlingend. Doch das kann mich nichts mehr angehen.

Mit Monika fing ich an, diesen Weg zu gehen. Ganz alleine. Kein Internet. Keine spirituellen Freunde. Keine Lehrer. Es gibt niemanden da draußen, kann es gar nicht geben. Das wusste ich damals noch nicht. Wo werden wir in zehn Jahren stehen? Werden wir wie blödgekifft fragen, was will es hier? Werden wir zwischen Kühlschrank und Einkaufsmarkt schwachsinnige Einfachheit zelebrieren? Wird uns die schwachsinnige Einfachheit zelebrieren? Zwei blöde Kinder, die sich mit dem Holzbrett auf den Kopf hauen und lachen: Was will es hier?

Oder werden wir dann, dann, wenn alles, alles, alles vorbei ist, dann, wenn sich alles, alles, alles zu Ende gedreht hat, wieder da stehen, wo wir losgelaufen sind? Ein Anfang von vorn? Und werden wir wieder laufen? Wird sich unter unseren Füßen die Erdscheibe immer weiter absenken, während wir gerade weiter gehen? Immer weiter dieses Gehen, so lange, bis die Erdscheibe nicht mehr zu sehen ist. Und doch gehen? Und dann doch, weitergehen…

Die Musiker fangen an zu spielen und ich verkrieche mich in Hoffnung auf baldige Unsichtbarkeit in meinem Stuhl:

Wenn du denkst

Sie stand am Fenster und sie sah
Wie's draußen Tag wird und sie kam
Sich näher und sie merkte dann
Dass sie sich nicht mehr mögen kann
Wenn du denkst, es geht nichts mehr
Dann kommt von irgendwo
Wenn du denkst, es geht nichts mehr
Kommt von irgendwo gar nichts mehr her

Sie wäre gern erschrocken, doch
Wollt sie sich nicht dabei zusehn
Und das freie Gefühl letzter Nacht
Blieb auch am Tag noch in ihr stehn
Wenn du denkst, es geht nichts mehr
Dann kommt von irgendwo
Wenn du denkst, es geht nichts mehr
Kommt von irgendwo gar nichts mehr her

Welch Gnade ist es, keinen Grund
Zu finden einen Schritt zu tun
Als würde man sich nicht mehr spürn
Im Schloss der Schneeprinzessin ruhn
Wenn du denkst, es geht nichts mehr
Dann kommt von irgendwo
Wenn du denkst, es geht nichts mehr
Kommt von irgendwo gar nichts mehr her

Und als sie so im dritten Jahr
Auf dieser Stelle stehend stand
Fing sie auf einmal an zu gehn
Ins Wohnzimmer, um fern zu sehn
Wenn du denkst, es geht nichts mehr
Dann kommt von irgendwo
Wenn du denkst, es geht nichts mehr
Kommt von irgendwo gar nichts mehr her

12.

Alles implodiert in mir und es ist da nichts mehr. Kein Licht. Kein Einssein. Kein gar nichts. Alles, was entsteht, ein Blick auf das Kopfsteinpflaster, hier im Café - Garten, kaum wahrgenommen, schon verschwunden. Alles fällt in mich rein. Und doch geht das Entstehen von Bildern weiter. Meine Turnschuhe. Der Tisch. Leute, die laufen. Gedanken. Gedanken zerschellen in derselben Bucht wie Tische, verschwinden in demselben Loch, in dem ganze Himmel verschwinden. Die schönen Geschichten über Wege... alles.

13.

Es ist schwarz. Nein, es ist nicht das Reich der Toten, es ist das tote Reich.

Niemals war ich Traumsubstanz (Bewusstsein, Film), noch der Inhalt, noch ein Teil des Inhalts der Traumsubstanz (des Bewusstseins, des Films), noch der gesamte Inhalt der Traumsubstanz (des Bewusstseins, des Films). Nein, wahrlich, ich bin kein Bewusstsein.

Niemals war ich der Beobachter der Traumsubstanz (des Bewusstseins, des Films), weder der Beobachter des Inhalts der Traumsubstanz (des Bewusstseins, des Films), noch der Beobachter der Seifenblase, der Kugel, in der sich Traumsubstanz (Bewusstsein, Film) befindet.

Es ist schwarz. Nein, es ist nicht das Reich der Toten, es ist das tote Reich.

Niemals war ich der Beobachter des Beobachters der Kugel, welche ist aufgefüllt mit Traumsubstanz (Bewusstsein, Film). Dieser Beobachter wurde als erstes vom toten Reich gefressen, besser gesagt, er war verschwunden, als das tote Reich aufstand, auferstand in die Sichtbarkeit.

Ich bin das tote Reich. Die Kugel, diese Seifenblase, welche ist angefüllt mit Traumsubstanz (Bewusstsein, Film), schwebt zu mir hin. Berührt mich. Schwebt wieder weg. Oder sie bleibt etwas an mir haften. Sie gehört nicht zu mir. Warum ist da nichts anderes?

Warum ausgerechnet diese Kugel, diese Seifenblase? Sie gehört genauso wenig zu mir, wie alles andere, was anstatt ihrer erscheinen könnte.

Ich bin schwarz. Nein, ich bin nicht das Reich der Toten, ich bin das tote Reich. Und das ist falsch. Richtig ist: Es ist schwarz. Nein, es ist nicht das Reich der Toten, es ist das tote Reich. Es ist und ich nicht.

14.

Wenn man über das tote Reich schreiben will, dann wird es schlimm. Schlimmer, als würde man während des Fickens über das Ficken schreiben. Es ist heftig und es ist maßlos anstrengend, diesen Spagat auszuführen, den es eigentlich nicht geben kann. Nicht gibt. Niemals geben wird. Oder etwa doch?

Es kann auch nicht gelingen. Es scheitert, muss scheitern, und zwar schon daran, dass die Sprache schlappmacht. Wir haben hier: Ich, du, er, sie, es, wir, ihr, sie - doch damit kommen wir schon nicht weiter. Nichts stimmt. Es müsste der Sprache etwas Neues hinzugefügt werden.

Das tote Reich ist kein "ich". Ein "es" kann es auch nicht sein, weil da kein "ich" ist, welches ein "es" definieren könnte, während das tote Reich ist. Ein "es" ohne ein "ich" kann es also nicht geben. Und ein "ich" ist es nicht, weil es eben einfach von nichts weiter entfernt ist, als davon ein "ich" zu sein.

Aber kann man überhaupt davon sprechen, dass das tote Reich ist? So wie sonst etwas ist, ein Stuhl, ein Tisch, ein Regenschirm? Nein. Entweder ist ein Stuhl, ein Tisch, ein Regenschirm oder das tote Reich. Auch das ist falsch. Es kann sehr wohl beides geben. Aber es kann auf keinen Fall gesagt werden, dass das tote Reich neben einem Regenschirm existiert. Schon wieder falsch. Denn wenn es zwei Arten des Existierens geben würde, des einfachen Vorhandenseins, würde der Regenschirm neben dem toten Reich existieren. Bildlich gesprochen müsste es möglich sein, dass ein Regenschirm existiert und existiert. Das scheint aber nicht so zu sein, denn der Regenschirm, bescheiden, wie er ist, begnügt sich mit nur einer Existenz.

Alles was sein oder nicht sein könnte, alles was leben oder nicht leben könnte, befindet sich in der Seifenblase, in der Glaskugel.

Oh man, habe ich mich verlaufen? Also anders: Alles, was überhaupt sein kann, ist vom toten Reich unberührt. Ist aber das tote Reich von sich selbst berührt? Hat es eine Existenz oder existiert es nicht, und ist trotzdem da? Oder kann etwas in einer Nichtexistenz existieren?

Es ist schwarz. Nein, es ist nicht das Reich der Toten, es ist das tote Reich.

15.

Es ist schwarz. Nein, es ist nicht das Reich der Toten, es ist das tote Reich.

Der Verstand kann nicht aufhören, es damit zu versuchen. Er versucht, mit etwas herumzuspielen, womit er nicht spielen kann, und er spielt an dem für ihn bestimmten Abgrund - vielleicht ist das so. Grenzenlos geil ist das, auch wenn der Weg in die Anstalt dabei näher zu rücken scheint. Aber ich habe ja die Theorie, habe also von all dem schon einmal gehört. Gott sei Dank. Besser gesagt, eine Theorie, die ich so deute, wie ich sie eben deute. Das bewahrt mich vor der Anstalt, aber vielleicht auch vor etwas anderem – sehr zweischneidig die Sache. Wir werden ja sehen. Kann wirklich das, was da kommen oder gehen mag, davon abhängig sein, ob ich mich an irgendeiner Theorie festhalte oder nicht?

Es ist schwarz. Nein, es ist nicht das Reich der Toten, es ist das tote Reich.

Ja, selbst das Rumspielen damit ist eine Überlebensstrategie. Es ist der Versuch, in der Kugel, in der Seifenblase, so etwas wie einen Anker zu setzen. Schwacher Versuch - saublöde Idee, denn es wechselt, wie es mag. Und wenn es nicht wechselt, scheint der Inhalt der Seifenblase, der Glaskugel, unerreichbar. Und wenn es in der Seifenblase, der Glaskugel, spielt, dann ist von da aus eine Mauer aus Licht zwischen mir und dem toten Reich. Scheiß Licht! Die Möglichkeit, auf Knopfdruck ins tote Reich zu gehen, empfinde ich als wünschenswert. Ich aus. Welt aus. Alles aus. Auf ewig. Aus. Aus. Aus.

16.

Ist Gott lediglich ein Teil der Seifenblase, ein Teil der Glaskugel? Ich warte darauf, dass ich bei diesem Gedanken Angst bekomme, aber es geschieht nicht. Keine Angst? Auch gut. Ist denn das ewige Leben der ewige Tod? Sollte es das gewesen sein? Die Antwort, auf die ich so lange gewartet habe?

Jahrelang wollte ich auf den Gipfel eines Berges. Jahrelang bin ich teils gekrochen, teils geschwebt und teils habe ich versucht, mich diesem Gipfel da oben durch Graben zu nähern. (Die Grabe- und Wühltechnik ist logischerweise besonders klug und scheint auch von anderen immer wieder gerne genommen zu werden...) Ich habe gemacht und gemacht. Und immer war das Gefühl übrig, es doch nicht ganz richtig gemacht zu haben – egal was ich tat. Und doch wollte ich so gerne auf diesen Gipfel da oben. So weit weg... So unsagbar schön... So schillernd.

Diesen Gipfel wird es wohl nicht gegeben haben. Oder vielleicht nicht, um ihn zu besteigen, vielleicht nur als Bild... Ich war so schön auf dem Weg, dieser grausamen alten Drecksau. Ich hätte noch Lichtjahre lang Schritt um Schritt hinter mich bringen können. Und reden. Und reden. Und reden! Und dann, scheinbar war ich zu müde und zu demotiviert, um aufzupassen, holte mich, anstatt mich zu belohnen, auf irgendeinem Zwischenplateau ein Raumschiff, ein Greifer, ein Riesenmagnet ab und setzte mich auf einen anderen Planeten. Einen Planeten, der sich einen Scheißdreck um meinen Berg und meinen Weg schert, der ihn wahrscheinlich nicht mal kennt. Dieser Planet ist das tote Reich. Und dieses tote Reich hat so gar nichts mit dem zu tun, was ich tat, um es zu erreichen. Und Gott ist mein Zeuge, es hat nichts mit dem zu tun, was ich mir so vorgestellt hatte. Und Gott, wenn ich dich schon mal am Kragen habe, was bist du für ein Gott, wenn du nicht über dem toten Reich stehst? Was bist du für ein Gott, wenn du nur ein Teil der Seifenblase, ein Teil der Glaskugel bist? Oder noch schlimmer, wenn du nur der Beobachter, oder der Beobachter des Beobachters der Seifenblase, der Glaskugel bist? Bitte Gott. Bitte, bitte, stehe über dem toten Reich, ich bitte dich...

17.

Da kommt Monika. Sie könnte auch hergelaufen kommen in ein Café in Polen, in Russland, in ein Café am Ende der Welt. Es wäre immer in der Mitte der Welt. Es wäre immer das Gleiche. Und immer würde ich in diesem Café sitzen. Durch alle Sprachen, durch alle Zeiten. Es könnte genauso gut 1739 statt 2013 oder 14 sein. Und es könnte genauso 1700 Mal hintereinander dieselbe Situation sein, ohne dass ich es merken, ohne dass es mich stören würde. Sie wäre verheiratet mit wem auch immer und ich würde auch, wie immer... was auch immer.

Noch ist sie nicht ganz da. Noch schlängelt sie sich durch die Leute der Fußgängerzone. Gleich wird sie reden. Irgendetwas reden, und ich werde sie reden lassen. Sie wird etwas erzählen und ich werde vielleicht die Sprache erkennen, und ich werde wie immer nicht zuhören. Jacken, Jackenpreise, Jackengrößen, irgendwelche Anrufe ihres Sohnes dazwischen – Welten weit weg. Monika weiß, dass mich das alles nicht interessiert. Nicht interessieren kann. Sie sagt es trotzdem und ich betrachte sie durch all die Worte hindurch und habe sie so lieb dabei, dass mir das Herz weh tut. Nein, ich höre ihren Worten nicht zu. Niemals höre ich ihren Worten zu. Doch ich höre uns zu und das scheint ihr und mir zu reichen... durch so viele Leben hindurch, durch jede Betonwand mit der Wucht eines Geschosses hindurch, von Ewigkeit zu Ewigkeit.

Auch ich brauche nicht als Patrick hier zu sein. Als Mann nicht, als Freund nicht und auch als kein anderer Unsinn, den die Welt so im Angebot hat. Nichts was Monika sagen oder tun könnte, könnte daran etwas ändern. Etwas ändern daran, dass dieses Spiel einfach weitergespielt wird. Selbst wenn sie für dieses Leben endgültig gehen würde, wäre nichts verändert. Selbst wenn sie mir heute das Lebenslicht auslöschen würden, wäre nichts, gar nichts passiert. Häuser, die wir getrennt voneinander sahen, so genau sahen, dass wir sie zeichnen konnten. Patricks die nicht Patrick waren und doch war es Patrick, und Monikas die nicht Monika waren und doch war es immer genau Monika, immer Monika.

Es ist nie etwas passiert. Um das zu wissen, brauche ich nicht einmal mein geliebtes Advaita zu bemühen. Monika wird reden und ich werde nicht zuhören. Von Ewigkeit zu Ewigkeit.

18.

Wie klein ich mir doch vorkomme und noch kleiner... bis es still wird. Die Nacht spüre ich, als könnte ich sie niemals mehr verlassen. Wozu auch? Die Sonne auf der Haut, Leute laufen vorbei, Monika wühlt noch ein wenig in ihren Tüten herum und wirft einen Blick in die Speisekarte. Mir ist es, als würde im Himmel eine Buche absterben, mit der ich verbunden bin. Dagegen kann man sich nicht wehren. Man liest immer vom Sterben, doch ich sterbe nicht, ich verwelke in mir. Es verwelkt fast schon aus mir heraus.

Wen sollte ich noch belügen? Wem eine Zeitlang etwas vorspielen, um dann das Theater abrupt enden zu lassen? Nein, wirklich, in meine Einsamkeit wird mir niemand mehr greifen. Die Nacht umschließt mich – mich, und die anderen nicht. Die anderen nicht. Bin ich gefangen in einer Kugel aus Nacht? Nein, das ist so nicht wahr. Denn wenn es wirklich Nacht ist, spüre ich einen Tag in mir, der so schön ist, der um so vieles schöner ist, als die meisten Tage, die mich kannten. Wird es jemals solche Tage für mich geben? Bitte lieber Gott, lass mir dies dein Versprechen sein.

Was mir zu sagen noch verbleibt

Was mir zu sagen noch verbleibt
Während von drüben mir der Wind
Schon schmeichelnd um die Wangen streicht

Was mir zu sagen noch verbleibt
Zu niemandem, als wär's ein Freund
Hier gibt es manches, das ich sah
Verstanden hab ich nichts von dem
Und schön war's nicht, nicht mal bequem

Was mir zu sagen noch verbleibt
Während der Blitz den Kopf zerteilt
Ist das, was ich geträumt, und nicht
Das was mal war
Mir wichtig ist

19.

Klobige Schuhe mit Stahlkappen und zu kurze Arbeitshosen. Wenigstens noch in der Stadt. Fast in der Stadt. Blick auf die Veste. Große weiße Uhr an gefliester Wand mit schwarzen Zeigern. Früh trinken manche von den Alten Brühe mit Ei. Noch vor sieben. Noch vor Arbeitsbeginn. Manche trinken auch Bier. Es ist 1987. Manche die grünen kleinen Fläschchen. Die, die früh trinken, scheinen am wenigstens bedrohlich. Ihre Blicke auf den jämmerlichen Lehrling am wenigsten bedrohlich. Fast schon verwandt. Lehrling gibt es nicht. Nicht einmal das ist einem vergönnt. Die Scheiße, die hier am Laufen ist, nennt sich AZUBI. Wenn die mit den grünen Fläschchen von dir sprechen würden, würden sie Stift sagen. Und es wäre ein Platz in der Welt. Einer von ihnen sang da, wo sie sich umziehen: Man kann nicht immer 17 sein. Er sang es und ich habe ihn verstanden. Er sang alles! Damals schon alles. Er machte dabei diese zackigen Tanzbewegungen, die nur Trinker machen können. Trinker, die noch das sind, was für sie nüchtern bedeutet. Er sah zu mir, während ich ihm zusah. Nur ganz kurz. So wie ein Todgeweihter einen anderen Todgeweihten ansieht. Damals schon alles. Er hat alles gewusst – er muss alles gesehen haben.

Kurz nach sieben fuhren sie aus dem Hof hinaus. Meist mit ihren dreirädrigen Autos. Vespacars. Die meisten hatten eine Pritsche, aber es gab auch welche mit einem geschlossenen Aufbau. Sie hatten ihre Plätze in der Stadt, an denen sie sich so einigermaßen sicher fühlen konnten. Sie jedenfalls fuhren vom Hof und ich musste bleiben. Werkstatt. Dass ich diese Arbeit hasste, so stark und innig man nur hassen kann, will ich nicht unerwähnt lassen. Jedoch mit dieser furchtbaren orangenen Kleidung mit ihnen hinaus und gesehen werden, hätte ich noch weniger gewollt, noch weniger wollen gekonnt. Der für mich zuständige Meister war ein Arschloch und sollte er noch leben, gehe ich davon aus, dass sich daran nichts geändert hat. Weiter will ich im Moment nicht denken. Er war aber kein außerordentliches Arschloch, sondern nur ein ordentliches, normales, alltägliches. Klein, nach Alkoholgenuss rotgesichtig, und er hatte das, was ich ihm auch von Herzen gönnte, eine wirklich hässliche Alte. Wenn ich diesen Ausdruck hier für diese Frau benutze, dann geschieht das nicht nur aus Respekt vor dem damaligen Jargon, sondern weil er eben das ausdrückt, heute ausdrückt, was war.

Manche sind der Meinung, dass man nie da sein will, wo man gerade ist. Diese Meinung teile ich nicht. Jedenfalls nicht, wenn von Orten gesprochen wird. Weiter will ich im Moment nicht denken. Freitag Vormittag wurde die Werkstatt gereinigt. Roter Steinboden. Wirksame Mittel. Wasserschlauch. Meister nach der Frühstückspause oben in der Schreinerei. Trinken. Weg.

Gegenüber standen die alten Werkstattschuppen. Vielleicht 150 Meter entfernt. Einstöckig. Es hätte schon funktionieren können. Hat es aber nicht. 3 Jahre nicht. Es konnte nicht funktionieren. Und doch waren da wenige Wochen in der Schmiede, und doch waren da Gesichter, die ich, ohne es entscheiden zu können, gern hatte, heute, in der Erinnerung, noch gern habe. Man hasst, und gleichzeitig könnte es auch anders sein, in dieser Situation, ein wenig anders. Viele Jahre älter nun, viele durchlebte Situationen mehr nun, stehe ich dem allem genauso ratlos gegenüber wie damals. Manche sind der Meinung, es gäbe im Leben etwas zu lernen. Ich teile diese Meinung nicht.

20.

Pa, der Lotse sitzt hinten am großen Tisch vor den Bücherschränken. Er tut wieder so, als wäre er zerstreut, so als täte er nur ganz nebenbei irgendetwas Belangloses. Doch er ist nicht zerstreut und das, was er tut, ist nicht belanglos. Er hat seine Zettel dabei und vor sich auf dem Tisch liegen Nisargadattas "Ultimative Medizin", Poonjas "Gesang des Seins" und Gangajis "Der Diamant in deiner Tasche". Pa macht Notizen. Notizen auf Zetteln und in den Büchern selbst. Er stellt Vergleiche an, sucht Querverbindungen, gemeinsame Nenner. Er sucht nach Widersprüchen und nach Ebenen, auf denen sich eben diese Widersprüche wieder auflösen. Das ist die wirkliche Arbeit Pa, des Lotsen. Er ist eine Vergleichs- und Abwägemaschine, wahrscheinlich die scharfsinnigste auf Gottes Erden.

Pa ist der Gärtner seines Schrebergartens. Längst weiß er, dass das was er da tut, ihn nirgendwo hin bringt, aber er weiß auch, dass das, was manche Leute "ihren Weg" nennen, ihm schon längst Heimat geworden ist. Der Weg ist die Heimat und es ist die Schönheit der Blume Pa, des Lotsen, dass das so ist. Jeder neue Vergleich, jede neu erkannte Übereinstimmung... eine neue Blüte. Jede einzelne Auflösung eines Widerspruchs, ein Wachsen seiner Wurzeln in die Tiefe. Und auch Pa zahlt den Preis, und auch er zahlt drauf. So wie alle Guten. Immer.

Niemals wird es eine Wahrheit geben, die sein Herz ergreifen kann. Eine Wahrheit, die in seinem System keinen Gegenspieler, keinen Neutralisator finden würde. Von daher ist Pa eine Selbstzerstörungsmaschine, ein auf ewig Durchgereicht-Werdender. Aber auch "ewig" geht vorbei und ich werde nicht aufhören damit, diesem Lotsen dabei zuzusehen, die Schönheit seines "Nichtweges" zu zelebrieren. Pa ist einer von den Guten, aber das sagte ich schon.

21.
Beziehung ist Scheiße. Keine Beziehung ist Scheiße. Freundschaft mit Sex ist Scheiße. Von welchem Beil möchte ich in Zukunft zerhackt werden? Dieser freie Freundschafts-Mist frisst dich genauso auf wie die Eifersuchtsdramen in den festen Beziehungen. Und nein, es ist nicht die Sinnlosigkeit, die da frisst, es ist die Vergeblichkeit.

Die Vergeblichkeit, dieses Schluchzen aus der Tiefe, diese amoklaufende Schmerzbringerin legt sich über all die Sackgassen, die Mädchennamen tragen. Über all die, die einmal waren, und was noch schlimmer ist, über die, die, sagen wir mal, in den Startlöchern stehen. Ich mache mir nichts vor. Ich werde wieder gegen die Wand laufen. Und wieder. Und wieder. Hier geht es nicht um den richtigen Weg, schon gar nicht um anwendbare Lösungen. Hier sind Fragen keine Fragen und Antworten keine Antworten – alles, was ist, ist: Ich laufe gegen die Wand. Wie im Himmel, also auch auf Erden...

Und die Musiker spielen, um das Kraut gar Fett zu machen:

Das Lied vom braven Franz R.

Er schrie nicht, weil sie sagte, dass
Die Aggression, die er so hat
Die hätt er besser ohne sie
Nicht mit ihr – sie würd gehen (wenn…)

Er blieb

Er ging nicht zu den Damen, die...
Weils Krankheit bringt so sagte sie
Wollt er so leben... Ohne sie!
Nicht mit ihr – sie würd gehen (wenn…)

Er blieb

Und Alk und Drugs und Rock'n Roll
Fand er einst nicht nur freitags toll
Entwickelt hat er sich seitdem
Und Spiri Tu und El ist er

22.

Ich will, dass du das liest! Sofort! Ich mache jetzt in Kindheitserinnerungen. Monika schaut mich skeptisch und liebevoll zugleich an - das kann auch nicht jede. Ich muss einen Fuß in mein Schreiben kriegen, denn sonst wird es dunkel. Das tote Reich... und jetzt ist Monika da, und ich will dich nicht, du totes Reich. Jetzt nicht. Meinetwegen für immer. Aber jetzt nicht. Such dir einen anderen Startpunkt aus. Monika kam noch nicht mal dazu, mir von ihrer Einkaufstour zu erzählen. Hier lies jetzt! Als wäre das ein Schalter, dessen Umlegen das tote Reich auf Abstand hält. Lies!

Weht, wo er will...

...und so sitzt man in der Schule und sieht da jemanden vor sich - einen Lehrer. Und man fängt an zu fragen, während er redet. Man fragt ihn ganz still und heimlich, oder in fruchtbarer Zusammenarbeit mit einem guten Nebenmann, ob er es des Nachts mit einem Hamster macht. Und er wird antworten. Und die Antworten werden verstanden. Man fragt ihn, ob seine Eltern zwei nette ältere Herren sind, und er wird reden und reden, und ja, er wird Antwort geben. So kann man also viel darüber erfahren, was sich seine Frau in irgendwelche Körperöffnungen schiebt, in welchem Grade er schwul ist, und wo sein Vater sein Ding überall reinstecken musste, damit der Typ da vorne so einen Schlag bekommen konnte, wie er ihn jetzt doch nachweislich hat.

Diese Fragerei würde ich gerne als Vorübung verstanden wissen, denn was sich wirklich im Nachhinein als grandiose spirituelle Übung herausstellen sollte, war erst der nächste Schritt. Während also die ganzen Hasen um einen rum noch irgendetwas mit dem Unterricht zu tun hatten, mehr oder weniger (es gab auch immer gute Leute, die ebenso wie ich Mittel und Wege fanden, diesem ganzen aufgeblasenen, nutzlosen Unsinn zu entgehen), saß man wie verloren in der Gegend rum. So wie in einem anderen Land, in der du die Landessprache nicht kennst, und ja, das ist der Anfang.

Ziemlich schnell, nachdem die wichtigsten Fragen zur Person des Lehrenden geklärt waren, fand sich dann ein neuer Raum. Ein Raum, in den man sich zurückziehen konnte, ohne auch nur ein Wort mitzubekommen. Und einfach in diesem Raum verbleiben. Heute sehe ich Leute jeden Tag eine halbe Stunde meditieren, miteinander über Fortschritte reden - und schon rennen sie wieder los, und hören irgendeinem Lehrer zu. Der Lehrer ist dann der Schwiegervater, der Vorarbeiter, die Stimme im Kopf und immer so weiter. Nisargadatta Maharaj sagte am Ende seines Lebens, dass hier viele Jahre lang Leute kamen und wieder gingen und er habe sie alle ignoriert. Meditiert nur, ihr Hasen, es ist besser, als dass ihr etwas Lautes macht, das mich stören könnte.

Also, da sitzt man nun, und da vorne bewegt jemand die Lippen. Kein Wort wird verstanden. Stimme findet statt, aber das, was an Inhalten übermittelt werden sollte, endet. Die letzten vier Schuljahre war das auf jeden Fall so. Jeden Tag vier, fünf Stunden. Das ist

Meditation. Das ist Heavy Metal Law, Heavy Metal Law. Der große Vorteil, den diese Technik mit sich bringt, ist auch, dass man den ganzen Scheiß nicht erst mühsam wieder vergessen muss, weil man ihn ja schon von Anfang an nicht mitkriegt. Doch auch hier wachsen die Bäume leider nicht in den Himmel und vieles von der Scheiße kam dann doch an. Vor allem kam ein Bild von der Welt an, über das man nicht aufhören würde zu lachen, wenn man nicht ein halbes Leben wie ein Hund darunter gelitten hätte. Und das Radio und das Fernsehen, und selbst der Pfarrer in der Kirche, vermitteln dieses Weltbild, dieses Weltempfinden.

Ich bin evangelisch. Das bedeutet, wenn ich mal etwas über Wohnmobile erfahren will, und traue dem Verkäufer im Autohaus nicht über den Weg, dann weiß ich, an wen ich mich vertrauensvoll wenden kann...

Der Wind weht, wo er will, du hörst sein Brausen wohl, aber du weißt nicht, woher er kommt und wohin er geht, sagte der Mann aus Nazaret. Ich bin evangelisch. Scheinbar muss ich davon nichts wissen. Auch muss ich nicht wissen, dass Gott in der Nacht nicht dieselbe Macht hat wie am Tag. Auch brauche ich nicht zu wissen, dass es noch andere Götter gibt. Ich bin evangelisch und das heißt, ich werde den Pfarrer beim Kindergartenfest meiner Enkelin sehen. Ich bin evangelisch, das heißt, mein Kirchenoberhaupt tritt zurück, weil es über eine rote Ampel gefahren ist und dabei wenig genug getrunken hatte. Das sind Leute! Das ist Glauben! Das ist geil!

Ich bin evangelisch, das bedeutet, ich habe keine Religion, das bedeutet, alle Kinder sind mit allen Bädern ausgeschüttet worden und das bedeutet, dass, wenn ich mehr als fünfzehn Mal in den schlecht besuchten Gottesdienst gehe, mir mit an Sicherheit grenzender Wahrscheinlichkeit eine ehrenamtliche Tätigkeit angetragen wird. Was sollte auch Menschen anderes dazu bewegen, einen Gottesdienst zu besuchen, als Einsamkeit oder die Angst vor der Einsamkeit? Da endet die Phantasie der Pfarrer meiner Kirche.

Pfarrer sein möchte auch ich nicht. Ich möchte nicht, und ich werde nicht den Grüßonkel für diese ganzen schrägen Originale machen. Ich möchte nicht neidvoll auf das Zölibat der katholischen Kollegen schielen und wissen, dass ich in dieser Sache wohl von keinem jemals wirklich verstanden werde. Das politische Denken möchte ich schon gar nicht anfangen müssen, und ich möchte mich nicht als Unterstützer eines Unterdrückungssystems beschimpfen lassen - wenigstens nicht von außen.

Ich möchte mir nicht das nächste Wohnmobil kaufen müssen und ich möchte nicht mit diesen Jugendlichen auf Freizeiten fahren. Nie mehr möchte ich das. Ich möchte nicht mehr durch die Gesichter dieser Schuldigen hindurch die Gesichter ihrer schuldigen Eltern sehen, und ich möchte nicht die ganze Tragweite meiner eigenen Schuld durch dieses Sehen begreifen müssen. Es würde mich wie ein Blitz treffen und ich würde mich nicht mehr davon erholen. Ich würde zum Kailash fahren und dort oben mit Shiva kiffen und die Welt träumen. Träumen ohne Ende. Träumen, bis jede Verwechslung, jedwede Verwechslung dann auch egal ist. Und ich würde sagen, oben von der Kanzel: Der Wind weht, wo er will... und dann würde ich noch sagen: Hiermit ist die Predigt beendet. Und ich würde mir einen Joint anzünden, so groß wie ein Ofenrohr, die Türen verrammeln und mir siebzehn Mal hintereinander Macbeth geben. Durch all die Zustände hindurch würde ich die Frage hören: Wollen diese Hände denn nie mehr rein werden? Wollen diese Hände denn nie mehr rein werden? Wollen diese Hände denn nie mehr rein werden? Und ich wüsste die Antwort. Die Antwort wäre: Ich bin evangelischer Pfarrer. Evangelisches Pfarrhaus. Gemeinsame Essen. Deutsches, evangelisches Pfarrhaus. Das hat nicht Tradition, das ist Tradition.

Über Luther würde ich trotzdem nicht mehr nachdenken wollen und ich würde erst im hohen Alter, dann, wenn die im Wohnmobil gemachten Kinder längst in Sicherheit vor der Meute wären, meine 95 Thesen gegen Luther an die Kneipentür nageln. Ein wirrer, alter Mann mit der immer gleichen Hose. Das interessiert nicht einmal mehr...

Aber ich war am Kailash und habe mit Shiva die Welt geträumt. Und ich werde das wissen und es wird mir ein Lächeln zaubern, während ich durchlade...

In Monikas Gesicht zeigt sich für einen winzigen Augenblick so etwas wie Widerwillen. Patrick kann anders schreiben. Warum schreibt er immer wieder so? So auf diese... Aber lassen wir das. Patrick schreibt, was Patrick schreibt und solange er nicht total sich selbst verlässt, werde ich nicht einschreiten. Und ich würde einschreiten! Patrick ist festgenagelt in seiner Welt und da gehört nun auch das dazu. Es ist schön, jemanden zu kennen, der eine Welt hat. Jemanden, der festgelegt ist und nein, ich glaube nicht, dass Patrick sich festgelegt hat, er ist es einfach. Er ist es, und mir ist nicht mal klar, inwieweit er sich selbst darüber im Klaren ist.

Und Monika, was sagst du dazu? Monikas Augen finden in ihrer Liebe zu mir statt, so als wären sie in mir drinnen. Drinnen in einem Zimmer, das Monika schon von jeher besser kennt, als ich selbst. Hast du schön geschrieben, mein Zwacht, gefällt mir, sagt sie und das tote Reich ist fort und ich rufe nach einem Kaffee, zünde mir eine Zigarette an und frage Monika: Wie war dein Einkaufen?

In meiner Kirche

In meiner Kirche bin ich weder Pfarrer noch die
Gläubigen
Nachdem der Pfarrer schon beim Essen sitzt
Die Gläubigen nach Hause gegangen sind
Hole ich aus dem unansehnlichen, braunen Schrank
Den Eimer mit den Lappen und diverse Mittelchen,
sowie den Besen
Es wird gekehrt, die Bänke ausgebessert, Haken fest-
geschraubt
So manche Maserung des Holzes sehe ich heute zum
ersten Mal
Wenn der Pfarrer und die Gläubigen längst schlafen
Bleibe ich da, wo ich gerade bin, einfach sitzen
Und werde gebetet

23.

Mir ist so, als ob nun alles gut wäre. So, als ob nun ein für alle Mal alles gut bleiben würde. Dass das vergeht, glaube ich nicht. Glaube ich nie. Und es vergeht. Der Glanz wird verlassen und das nächste Drama wartet. Das nächste Lustspiel. Was auch immer. Monika reicht zwei Zettel rüber und sagt, dass sie sie zu Hause gefunden hätte. Man, ist das alt das Zeug. Damals waren Monika und ich noch zusammen. Lang ist es her und gar nicht ist es her. Manche Texte sind wie Fotos einer Wanderung. Wahrscheinlich alle Texte. Und doch fühle ich mich immer wieder aufs Neue unangenehm berührt, wenn ich solch ein altes Textfoto von mir in den Händen halte. Fast ist da so etwas wie... Angst es zu lesen. Und meistens passen die Sachen dann doch. Da steckt Magie drinnen, wenn sich die Sichtweisen verändern, verändern sich die Texte mit. Oder ist es umgekehrt?

Ich bin die Liebe

Ich bin die Liebe, sagte er, als sie ihn nach der Stärke seiner Liebe zu ihr fragte. Ob das reichen würde? Ob ihr diese Antwort reichen würde? Nicht, dass sie tatsächlich an irgendeine Sicherheit glauben könnte, die durch ein paar dahingesagte Worte entsteht, doch was sie nun bekam, erschien ihr doch ein bisschen wenig. Nachlässig - ja man könnte es fast schon nachlässig nennen, wie er mit ihrer gemeinsamen Liebe umgeht.

Es will einfach nicht wärmer werden. Warum sind da bloß all die Gedanken, all die Sehnsüchte nach den lauen Nachmittagen auf dem Balkon? Auch das wird es nicht besser machen. Das letzte Jahr hat es ganz klar gezeigt. Ich bin die Liebe, sagte er. So ein Arsch...

Drüben auf dem Parkplatz sieht man öfters jemanden eine rauchen. Warum ist immer alles so gleich? Warum ist er die Liebe und warum kann er damit nur durchkommen?

Der Stress scheint nun ein für allemal aus dem Leben gewichen zu sein. Er ist sicher eine gute Art gewesen, vorbei zu kommen. Vorbei zu kommen. Gute Art. Die Kästen auf dem Balkon hören nicht auf, zu stören. Auch das dürfte eigentlich nicht so sein. Schmunzeln - nicht so sein.

Er ist mindestens zwei. Er schon allein. Man kann nicht einmal behaupten, dass da Anspruch und Wirklichkeit auseinanderklaffen würden - nicht mal das. Es gibt nur eins - seine Worte. Manchmal denke ich, ich bin ihm nicht wichtiger als der Mann, der ihm an regnerischen Spätnachmittagen seine Döner verkauft. Es hat auch keinen Sinn, mit ihm darüber zu sprechen. Wenn es ganz dumm läuft, würde er die Tatsache, einen Döner gegessen zu haben, auch noch abstreiten. Wie kann ein Mensch sich nur so etwas antun, sich auf so etwas einlassen?

Einfach die Augen schließen und sich vorstellen, in einer Geborgenheit zu sein. Verankert. Manchmal liege ich so in Gedanken neben meinem Opa. Es ist

Samstagmorgen und es ist noch Zeit da, bis Oma aus dem Dorf vom Einkaufen kommt. Sie tratscht gern und Hunger haben wir eh keinen. Alles in Ordnung! Einfach alles in Ordnung. Schnell noch die Bettdecke ein wenig nach unten gezogen, damit ich besser verstehen kann. Die Bettdecke beim Erzählen leicht über den Mund zu ziehen, habe ich seit damals auch nicht mehr gesehen. Alles in Ordnung, Gardinen, der klappbare Spiegel. Omas Liebesromane auf dem Nachtkästchen und ein kleiner Löffel. Ein Deckchen. Ein Binder-Selbst. Oma wird die Mohnmühle aus dem Laden mitbringen. Irgendwie ist das schön. Ist es falsch, weinen zu wollen, wenn man an eine vor dreißig Jahren ausgeliehene Mohnmühle zu denken beginnt? Alles in Ordnung! Alles war schon immer in Ordnung! Man scheint so leicht zu vergessen. Er ist die Liebe - ja!

Hilde

Während sie im Nebenzimmer Gespräche führten, deren einziger Sinn es war, ihr Sklavendasein als etwas anderes zu deklarieren, kochte Hilde Kaffee. Da es wieder Freitag war, würden sie bald ausströmen, um ihr Geld in Bau- oder Elektro-Märkten abzugeben. Nicht dass sie diese Generation so genau kannte, aber sie kannte die vorige und die davor. Wenn im Radio davon gesprochen wurde, wie sehr sich doch alles in den letzten Jahrzehnten geändert hätte, wurde Hilde stets still, so als kämen zu viele Geschichten, so viele Geschichten, die man die ihren nennen könnte, auf einmal. Hilde hatte Veränderungen nicht wahrgenommen. Weder in den Menschen, die sie umgaben, noch in sich selbst. In sich selbst – bei einem derartigen Satz konnte Hilde ein Schmunzeln nicht unterdrücken. Als gäbe es da etwas zu finden.

Als gäbe es da etwas zu finden. Klingt gut, noch heute gut. Klingt doch nicht schlecht, was Monika? Ja, Patrick, ja. Es passt immer wieder.

24.

Pa, der Lotse hatte es wirklich vor ein paar Monaten fertiggebracht, im Hinterzimmer des Advaita Cafés so etwas wie einen Meditationsraum einrichten zu lassen. Für Satsangs und so, hatte er gesagt, und ich bin mir bis heute nicht ganz sicher, ob er damit nicht vielleicht auch dieser etwas zu kurz geratenen Coburger Yogalehrerin ein wenig näher kommen wollte. Nichts Genaues weiß man nicht und was spricht gegen den Versuch, vierundzwanzig Fliegen mit achtunddreißig Klappen erschlagen zu wollen?

Jedenfalls, der Raum hat echt was... Neben den Advaita-Standardfotografien von Ramana Maharshi und Nisargadatta Maharaj, einem riesengroßen, eine halbe Wand bedeckenden Gemälde des Arunachalas, findet sich auch ein 70er Jahre Poster mit einer kiffenden Schönheit und ein ebenso altes Schwarzweißbild von Gräsern, durch die die Sonne scheint. Als absolut gelungen erachte ich, dass auf der Außenseite der Tür zu diesem Meditationsraum Cartman im Merlinskostüm die Erleuchtungswilligen willkommen heißt. Ein Glas voll mit Minigolfbällen, vierzehn leere Milchtüten auf den Fensterbrettern und ein von der Decke hängendes, entlacktes Schutzblech einer Harley Davidson Fat Boy, runden das Bild ab. Wie es heißt, hat Edgar Hofer für Dezember zugesagt, zehn Tage lang hier Satsang zu halten, und man wäre mit Karl Renz im Gespräch. Wir werden sehen...

Als also der Raum vor ein paar Monaten fertig war und Pa, der Lotse es abgelehnt hatte, mich einen Vortrag über Strategien und Taktiken, die die Trinkleistung um fast hundert Prozent erhöhen, halten zu lassen, fing dann das an, was Pa "das Programm" nennt. Die Einweihungsfeierlichkeiten hatte ich verpasst, Sonntagmorgen und so... Aber ich wollte mitmachen. Dabei sein. Kein Spielverderber sein. Und ja, ich will und wollte auch, dass dieses Café am Laufen bleibt. Und auch dazu ja, lernen kann man immer. Also schrieb ich mich zum ersten überhaupt angebotenen Kurs ein. Yoga mit Shakti Müller-Hohenstein, der etwas zu kurz geratenen... na, Sie wissen schon...Nach dem siebten Abend wollte es dann aufgeschrieben sein... Man möge mir verzeihen...

Yoga… und so…

Wir lagen auf unseren Kissen. Alle. Die ganze Gruppe rund um Shakti Müller-Hohenstein. Sie war Mitte 40 und sie strahlte so gar nicht aus, was sie hier verkaufte. Einmal dachte ich, sie hätte lieber trinken sollen. Aber da ich in solchen Gedanken nach wie vor hängenbleibe, verbiss ich sie mir – versuchte es. Das Resultat war ein Blödmannslächeln, was meine Kissennachbarin wahrnahm und mit einem aufgesetzt befremdlichen Blick quittierte. Ja, wie alles in der Welt, ist das hier besonders wichtig. Der ca. 60-Jährige der auf einer Matte neben seiner Freundin vorne bei der Tür sitzt, fragt Shakti Müller-Hohenstein, ob sie Erfahrungen mit Rückführungen hätte. Wir, so sagte er, haben in vierzehn Tagen einen Termin. Die Kursleiterin äußerte sich diesbezüglich positiv, aber schwammig und kurz. Na, wenigstens dieser Kelch ist an mir vorüber gegangen.

Wenn sie es jetzt noch die letzten 25 Minuten durchhält, ihren Freund Peter aus dem Spiel zu lassen, der so gar kein Interesse für „diese Dinge" hat, würde ich den Abend fast als gelungen betrachten. „Diese Dinge" sagt sie, es ist wirklich jammerschade. Der Kelch, Peter kennenzulernen, ist bislang auch an mir vorüber gegangen und schon der Gedanke daran bewirkt ein leichtes Heben meiner Fußzehennägel. Ich habe nichts gegen Shakti Müller-Hohenstein. Sie hat „diese Dinge". Sie hat diesen Kurs. Sie hat Peter. Vielleicht hätte sie doch lieber trinken sollen.

Auf dem Heimweg im Auto wünsche ich mir ein lauteres Radio. Immer nach diesen Kursen. Keine bessere

Musik. Früher hätte ich mir sicherlich bessere Musik gewünscht – was immer das auch ist.

Die Woche drauf fing sie mit Osho an. Mit ihrem Osho, nicht mit meinem. Ob die beiden sich jemals getroffen haben? Ob sie vielleicht sogar ein Buch voneinander gelesen haben? Ob sie gar....? Sie redete und meine Zehennägel samt der Zehen standen nach oben. Hätte sie sich nicht mit Oshos Aussagen zu Chakren, Tantra oder den kleinen Löffeln begnügen können? Nein, heute ging sie weiter. Es muss furchtbar mit Peter gewesen sein. Heute muss es schlimmer gewesen sein als all die Wochen, die ich diesen Kurs besuchte. Sie war genau. Sie erzählte Unsinn, aber nicht schwammig. Sie dachte messerscharf. Sie zog in ihren Denkmodellen Konsequenzen. Sie war im ganzen Raum. Sie erzählte keinen Unsinn und erzählte wieder Unsinn. Sie zog sich, ohne sich von der Stelle zu bewegen, aus der rechten unteren Ecke des Raumes bis links oben, da wo man die Deckenbalken sehen kann. Sie war nicht ironisch. Funken. Was nun Peter gerade macht, dachte ich so bei mir und war dabei froh, dass mich die ständig zur Schau gestellte Feindseligkeit ihr gegenüber, nun davor bewahren würde, den Abwesenden zu vertreten. Irgendwie tat es mir auch leid, ich hatte eine gute Chance verpasst, Spaß zu haben. Jetzt mit der Brechstange zu kommen, wäre zum Scheitern verurteilt. Ich hatte es mir selbst zuzuschreiben und sie redete weiter von Osho.

Ich bin zu alt, als dass mir durch das alles hier Peter sympathisch wird, und ich habe keine Lust, von ihm zu hören. Und doch kann ich eine gewisse Neugierde nicht leugnen. Und er wird hören müssen von „diesen

Dingen". Er wird Shakti Müller-Hohenstein immer wieder so weit bringen, dass sie bei ihren Referaten über die Tücken des Egos unter der Decke hängt. Er, bei dem es so jammerschade ist, dass er von „diesen Dingen" nichts wissen will, wird ihr Meister sein. Er wird sie sich selbst vorführen lassen wie einen Tanzbären. Sie wird immer lauter schreien, dass sie kein Tanzbär ist, und wird dabei ihren Tanzbärentanz aufführen. Sie wird als letzten Beweis ihrer nichttanzbärischen Existenz den perfektesten Tanzbärentanz, die ausgefeilteste Choreographie, im mitternächtlichen Wohnzimmer geben und er wird sie schweigend betrachten. Damit geht er natürlich zu weit. Irgendetwas in mir stirbt, wird sie sagen, und er wird fragen, was das denn sein könnte. Er wird ihre Worte gegen sie verwenden und sie wird sagen, dass er doch so gar nichts von ihr weiß. Er nicht! Beim Kurs am nächsten Abend wird sie von Osho reden. Von ihrem Osho, nicht von meinem. Und sollte es eine Gemeinsamkeit zwischen Peter und mir geben, und ich zweifle daran, dann die, dass wir nichts wissen.

25.

Es ist schwarz. Nein, es ist nicht das Reich der Toten, es ist das tote Reich. Und es ist nicht mehr da. Und es nahm mir das Herz und es gab mir an seine Stelle das Wissen von sich, das Wissen um das tote Reich. Ein gedankenloses Wissen. Ein Wissen, materieller als alles, was es auf diesem oder einem anderen Planeten gibt oder geben könnte. Schwarz. Groß. Einzig. Nur. Ausschließlich.

Einer von denen, höre ich wen sprechen. Bin ich nun auch einer von denen, deren Herzen beim Holländer-Michel liegen? Aber nein, das Wissen um das tote Reich ist nicht mit dem kühlen Stein vergleichbar, den der Holländer-Michel im Austausch zu einem warmen, fühlenden Herzen im Angebot hat. Oder etwa doch?

Oder anders: Wie warm und fühlend, wie mitfühlend war denn eigentlich das, was ich mein Herz nannte? War es nicht bloß die Rückseite einer Monsterfratze, einer Ausgeburt der Hölle? Der Tod im toten Reich, das tote Reich im toten Reich im toten Reich im toten Reich liegt nun ziemlich genau einen Monat hinter mir. Doch es kam keine Auferstehung und erst recht kein Auffahren in den Himmel.

Was kam war ein riesiges Stoppelfeld. Ein Stoppelfeld, das das bedeckte, was vor Wochen noch eine Welt war. Ja, die Welt, diese alte Drecksau! Aber sie kannte ich ein bisschen, wenigstens kam es mir immer so vor.

Dieses Stoppelfeld hat noch nicht mal eine Farbe. Grau und klein und nichtssagend. Nein, kein schönes Schwarzweiß wie auf Fotos längst vergangener Kriege. Junge Männer in schmucken Uniformen. Mütter, die leben und es weiß keiner wozu. Kein schönes Schwarzweiß wie auf Fotos von Leichenbergen aus Lagern. Und ich bin alles. Bin die Mutter und der junge Mann. Bin der toitsche Mann, der seinen Penis in all seiner bloßen Pflichterfüllung doch immer mit dabei hatte und umgekehrt, vielleicht vor allem umgekehrt...

Lauter pflichtbewusste Leute? Ja, auch der bin ich. Der pflichtbewusste Leut: Der Aufseher im Lager, der Mörder mit der Latte in der Hose, der, der genau weiß, dass Pflichterfüllung die geilste, die wollüstigste Form der Schweinerei ist. Säuisch und direkt aus der Hölle. Für den Teufel ist die Hölle kein Problem, da ist er zu Hause. Für Gott ist die Hölle kein Problem, denn da ist er zu Hause. Für mich ist die Hölle kein Problem, denn das alles liegt nun hinter mir. So dachte ich jedenfalls.

Das alles liegt nun hinter mir. Selbst die Lager sind ganz klein geworden. Alles ist auf Stoppelfeld-Höhe geschrumpft. Ich laufe durch die deutsche Literatur, durch die russische Literatur, als wären sie ein Nichts. Alles auf Stoppelfeld-Niveau. Glanzloses Grau hinter allem, was ist, hinter alledem, was war - und einen Scheißdreck auf alles, was sein könnte, jemals sein könnte. Eine Erdscheibe, ein einziges großes Stoppelfeld aus absolut Wertlosem und Unbrauchbarem. Alles, eben, alles flach bis in die Unendlichkeit.

26.

Tage und Nächte stand ich auf diesem Stoppelfeld. Mal machte ich einen Schritt nach vorne, mal einen zurück, ganz so wie einer, der die Anweisungen eines Fotografen befolgt. Es gab nur dieses Stoppelfeld. Und mich.

Es gab nur dieses Stoppelfeld, bis zu dem Punkt, an dem sie da war. Gar nicht weit vor mir. Für einige Tage stand da also eine quadratische, sich nach oben verjüngende Steinsäule auf meinem Stoppelfeld-Planeten, die ein dachgleiches Ende hatte.

Mein ganzes Leben war dieses Stoppelfeld und alles war leer, egal, gleichgültig, mich nicht mehr berührend. Alles. Alles. Alles! Alles, bis auf eines. Alles, bis auf meine sexuellen Gewaltphantasien. Sie grade, sie waren anders. Aus einem anderen Stoff. Ist denn alles falsch gelaufen? Wartete ich nicht darauf, auf welche Art auch immer, endlich in den Himmel zu gelangen? Und jetzt ist das Einzige, was noch zählt in dieser Welt, meine keifenden Hunde der Hölle? Hatte dieses riesige, dieses abscheuliche Tier, den Tod im toten Reich überlebt?

Und ich gab ihm Futter. Was sollte ich auch tun? Ich trippte auf der Hölle, die ich bin, herum - ganze Tage lang. Neue Möglichkeiten der Schlechtigkeit, des Hasses, der uralten Tücke, schienen wie Pilze aus dem Boden zu schießen. Neue Techniken des Quälens erzeugten immer wieder diese totale, diese einzig und allein mir verbliebene Total-Energie in mir. Totale Total-Energie! Ein Himmel der Hölle war ausgebrochen und ich war mir über eines sicher: Ich hatte es verbockt. Mag es, für wen auch immer, da einen Ausweg geben, für mich nicht. Kein Ausweg aus diesem Stoppelfeld. Gewaltphantasien oder nicht, das ist dann eh schon wurst... Wurstiger, als ihr Vorhandensein mir jemals war. Ich trat aufs Gaspedal und ich hörte den Teufel lachen, selbst noch, als ich ihn hinter mir herzog – in immer neue Abenteuer. Und auch ich lachte. Lachte mein Lachen aus der Hölle.

27.

Monika schaut mich an. Ja, ja... du hast mich wieder ertappt dabei, doch nun bin ich hier. Die Sonne verzaubert alles, fast alles, irgendetwas und doch... alles. Mit leicht geöffnetem Mund sehe ich Monika an und es gibt nichts zu sagen, weil es da am Sprechen ist. Unhörbar. Ohne Worte. Wir beide werden angesprochen. Monikas Kopf bewegt sich ein wenig unnatürlich – so natürlich. Ja, sie ist angesprochen, so wie ich angesprochen bin.

Die Musiker haben sich zu einer Pause an einem der freien Tische niedergelassen. Pa sitzt noch hinten an seinen Büchern und ich merke, dass ich nichts mehr zu merken habe. Nirgendwo hingreifen muss und doch wird hingegriffen, zugegriffen, durch das Zugegriffene hindurchgegriffen. Alles kann nicht mehr gut werden, ohne gut zu sein. Hier ist das, was nicht zu sein braucht. Und trotzdem ist es. Und ist in sich nicht. Eigentlich wird nicht mehr zugegriffen. Dieses Zugreifen und Hindurchgreifen ist ein Lied eines anderen Planeten. Jetzt wird im Hinsehen weggesehen.

Coburg gehört den Tauben, eher nicht den Spatzen - das wäre eine schöne literarische Erklärung. Es war nur eine Täuschung. Ich bin hier in einer Welt der Tauben und der Spatzen. Sie kann mich einfach nichts angehen. Egal, wie ich zu ihr oder zu mir oder zu sonst was stehe. Coburg gehört den Tauben! Und mehr ist nicht...

28.

Die Leere ist all überall. Aber die Leere ist nicht still. Die Leere tobt. Sie tobt und es fehlen die Marshall Verstärker. Nichts fehlt so sehr, wie Marshall Verstärker im Hintergrund. Auch daran explodieren die mir verbliebenen Herzen. Alles so scheißnormal, so wenig powerful. Ob da nun Welten entstehen oder nicht, Welten vergehen, oder nicht. Ich will das lauter! Verdammt noch mal, du Scheiß-Gott da oben, ich will das lauter. Kreuzigungen, Lichtigungen, mit deinem Scheiß beeindruckst du mich nicht mehr. Aber ich will es lauter. Ich will die ersten Akkorde von Jumping Jack Flash dabei hören, du Gott, du! Hast du mich verstanden? Lass dir was einfallen! Lass dir um Gottes willen etwas einfallen!

Und auch daran wieder sterben, explodieren. I was born in a crossfire hurricane... Ja, du Arschloch da oben... so soll es auch aufhören! Und bleibe mir mit deinem Mist vom Leib, von wegen innen und so... Innen, außen. Tiefe! Humbug über Humbug... und das Lachen wird lauter! Ich fürchte mich nicht vor des Teufels Lachen, es ist eh nur immer deines, immer

deines. Fuck you! Gott im Himmel! Deine Spiele ver-
siegen in mir wie ein Tropfen Pisse in der Wüste.
Dreh die Regler nach rechts und lass uns Spaß haben… ansonsten wird es nichts mehr mit uns. Schnall
dich an, du da oben! Schnall dich an…

Wie leise man doch stirbt. So leise. Viel zu leise.

Fuck you! Fuck youuuuuuuuuuuuuuuuuu!

--- Ende ---

Vielen Dank...

...liebe Monika, für das Korrigieren und das Besprechen und einfach alles...

...liebe Amina, für all deine Unterstützung...

Ohne euch beide gäbe es dieses Büchlein nicht.

Kontakt:
www.mondlichttraeger.de

Patrick Aigner

Kartschevco

und Anderes aus der spirituell unkorrekten Ecke der Küche

ISBN-10: 3848254409
ISBN-13: 978-3848254408

Patrick Aigner

Coburg

Café - Betrachtungen

ISBN-10: 3848257777
ISBN-13: 978-3848257775

ISBN-10: 373223911X
ISBN-13: 978-3732239115

ISBN-10: 3732241815
ISBN-13: 978-3732241811

PATRICK AIGNER

SPIRITUELLES ERWACHEN DURCH ALKOHOL

ISBN-10: 3732245470
ISBN-13: 978-3732245475